Die Sozialpartnerschaft in Österreich

Michael F. Strohmer (Hrsg.)

Die Sozialpartnerschaft in Österreich

Vergangenheit – Gegenwart – Zukunft

PETER LANG
Frankfurt am Main · Berlin · Bern · Bruxelles · New York · Oxford · Wien

Bibliografische Information Der Deutschen Bibliothek
Die Deutsche Bibliothek verzeichnet diese Publikation in der
Deutschen Nationalbibliografie; detaillierte bibliografische
Daten sind im Internet über <http://dnb.ddb.de> abrufbar.

Gedruckt mit Unterstützung des Bundesministeriums
für Bildung, Wissenschaft und Kultur in Wien.

Gedruckt auf alterungsbeständigem,
säurefreiem Papier.

ISBN 3-631-53386-1
© Peter Lang GmbH
Europäischer Verlag der Wissenschaften
Frankfurt am Main 2005
Alle Rechte vorbehalten.

Das Werk einschließlich aller seiner Teile ist urheberrechtlich
geschützt. Jede Verwertung außerhalb der engen Grenzen des
Urheberrechtsgesetzes ist ohne Zustimmung des Verlages
unzulässig und strafbar. Das gilt insbesondere für
Vervielfältigungen, Übersetzungen, Mikroverfilmungen und die
Einspeicherung und Verarbeitung in elektronischen Systemen.

Printed in Germany 1 2 4 5 6 7
www.peterlang.de

Meiner Verlobten und meinen Eltern

INHALTSVERZEICHNIS

Bundespräsident Univ.-Prof.Dr. Heinz Fischer
Zum Geleit..09

MMMag. DDr. Michael F. Strohmer
Vorwort und Danksagung.. 13

Univ.-Prof. Dr. Rainer Bartel
Sozialpartnerschaft aus institutionenökonomischer Sicht..........................17

Präsident Dr. Christoph Leitl
Manager des Wandels – Die Zukunft der Sozialpartnerschaft....................47

Vorsitzender der Präsidentenkonferenz der Landwirtschaftskammern
ÖkR Rudolf Schwarzböck
Wie sinnvoll ist Sozialpartnerschaft..65

Präsident Fritz Verzetnitsch
Die Zukunft der Sozialpartnerschaft.. 75

Bundesminister Mag. Herbert Haupt
Positive und negative Kritik an der Sozialpartnerschaft........................... 85

Bundesminister Dipl.-Ing. Josef Pröll
Nachhaltigkeit und Sozialpartnerschaft..91

Zum Geleit
Bundespräsident Univ.-Prof. Dr. Heinz Fischer

Die Sozialpartnerschaft in Österreich

ZUM GELEIT
von Univ.-Prof. Dr. Heinz Fischer
Bundespräsident der Republik Österreich

Auf dem Gebiet erfolgreicher politischer Einrichtungen hat Österreich ein jahrzehntelang bewährtes und bewundertes Beispiel vorzuweisen:

die Sozialpartnerschaft.

Im Unterschied zu anderen Ländern mit langwierigen Streiks und harten Arbeitskämpfen können wir davon profitieren, dass wir über eine erprobte Regelungsinstanz verfügen. Diese hilft uns immer wieder, ein besonders wertvolles menschliches und soziales „Kapital", nämlich das der Verständigungsfähigkeit zwischen unterschiedlichen Interessengruppen, zu erhalten.

Durch eine starke, verantwortungsbewusste und gesellschaftlich weithin anerkannte Gewerkschaftsbewegung und eine Wirtschaft, die bemüht ist, sich am Gedankengut der Sozialen Marktwirtschaft zu orientieren und daher auch verhandlungsbereit und verhandlungsfähig ist, konnten durch Jahre und Jahrzehnte hindurch große Konflikte vermieden werden bzw. frühzeitig durch Verhandlungen entschärft werden. Es ist daher kein Wunder, dass die österreichische Sozialpartnerschaft weit über die Grenzen unseres Landes hinaus Beachtung gefunden hat und auch zu einem Gegenstand politikwissenschaftlichen Interesses wurde.

In jüngster Zeit konnte man gelegentlich den Eindruck gewinnen, dass die Bereitschaft zu Verhandlungen und auch die Bereitschaft, die für aussichtsreiche Verhandlungen notwendige Zeit zur Verfügung zu stellen, um große Projekte im Wirtschafts- oder Sozialbereich ausreichend zu diskutieren, im Abnehmen begriffen ist. Schlagworte wie "speed kills" wurden als Synonym für abnehmende Diskussionsbereitschaft verstanden.

Vielleicht setzt gerade dieses Buch Signale dafür, dass es sich bei der Devise "speed kills" nicht um ein dauerhaftes, sondern nur um ein vorübergehendes Phänomen gehandelt hat, und dass der Wert von geduldigen Verhandlungen und

Bundespräsident Dr. Fischer: Zum Geleit

fairen Kompromissen, die Lösungen auf breiter Basis ermöglichen, wieder im steigenden Ausmaß erkannt und anerkannt wird. Als Bundespräsident würde ich mir das jedenfalls wünschen.

In diesem Sinn begrüße ich es auch, dass die wichtige Rolle einer „typisch österreichischen" Einrichtung, nämlich der Sozialpartnerschaft, einmal mehr durch eine Publikation sichtbar gemacht und erklärt wird.

Ich wünsche dem Buch eine interessierte Leserschaft und viel Erfolg!

Dr. Heinz Fischer

Vorwort
MMMag.DDr. Michael F. Strohmer
Herausgeber

Die Sozialpartnerschaft in Österreich

Vorwort
von MMMag. DDr. Michael F. Strohmer
Herausgeber

„Die Sozialpartnerschaft ist nach wie vor eine sinnvolle Einrichtung und ein fixer Bestandteil im österreichischen Interessensausgleich!" „Die Sozialpartnerschaft ist nicht mehr zeitgemäß und blockiert in wichtigen Entscheidungen!" „Die Sozialpartnerschaft muss in einer reformierten Version weiter bestehen!"

Diese und ähnliche Aussagen zeigen einige der existierenden Meinungen zum Thema: Sozialpartnerschaft in Österreich. Für den Leser ist die Widersprüchlichkeit der Aussagen offensichtlich. Ebenso widersprüchlich sind die Beiträge zum Thema Sozialpartnerschaft in diesem Buch. Dies ist auch so gewollt. Es ist dem mündigen Bürger dieses Buches nämlich selbst überlassen, sich ein Bild über mögliche Zukunftsperspektiven der Sozialpartnerschaft zu machen und ihm nicht das Recht auf freie Meinungsbildung zu nehmen indem eine Meinung aufoktroyiert wird. Ziel ist es vielmehr eine kritische Diskussion anzuregen und so den typisch österreichischen Meinungspluralismus zu fördern und zu unterstützen. So wurden Vertreter der Wissenschaft, Vertreter der Sozialpartner und Vertreter von politischen Parteien eingeladen, Beiträge über die Sozialpartnerschaft und deren Zukunft zu schreiben. Viele sehr kontroverse Beiträge sind entstanden. Dadurch war seitens des Herausgebers Objektivität gefragt.

Der Leser mag sich nun fragen, wieso gerade ein Herausgeber objektiv bleiben möchte und mag unterstellen, dass dieser keine eigene Meinung zu diesem Thema hat. Diese Spekulation kann entschieden zurückgewiesen werden, denn gerade bei der Erstellung eines solchen Buches ist eine gefestigte, politische Meinung notwendig. Dennoch ist es notwendig diplomatisch vorzugehen und die eigene Meinung auszuklammern. Wichtig ist an dieser Stelle zu erwähnen, dass das Buch finanziell von keiner Organisation bzw. keiner politischen Gruppierung abhängig war.

Ich möchte allen Autoren dieses Buches für die Beiträge und die damit entstandene Diskussion danken; allen voran dem Bundespräsidenten der Republik Österreich Herrn Dr. Heinz Fischer.

Auch dem Bundesministerium für Bildung, Wissenschaft und Kultur gilt mein Dank für die Förderung dieses Projektes.

Sozialpartnerschaft aus institutionenökonomischer Sicht
Univ.-Prof. Dr. Rainer Bartel
Johannes Kepler Universität Linz

SOZIALPARTNERSCHAFT AUS INSTITUTIONENÖKONOMISCHER SICHT
von Univ.-Prof. Dr. Rainer Bartel
Institut für Volkswirtschaftlehre, Universität Linz

"The social partnership is a pivotal institution in Austrian society. It is not merely the forum that enables diverse social and economic groups to work out their differences; it embodies the Austrian approach to economic and social problems, which is to seek solutions through compromise and consensus rather than through confrontation" (Farnleitner/Schmidt 1982: 87).

1. Institutionen der Wirtschaft und Wirtschaftspolitik

1.1. Institutionen und ihre Beurteilung

Argumentiert man die Vorzüge und Nachteile von Institutionen, muss einverständlich sein, was Institutionen bewirken sollen, um sie dann im jeweiligen Fall an den Zielvorstellungen messen und sie nach diversen Kriterien der Zielerreichung beurteilen zu können. Dabei ist der Begriff der Institution als ein umfassender zu verwenden. Es sind nicht nur Organisationen, die als Institution zu verstehen sind, sondern auch Normen des Wirtschafts- und Soziallebens, in welcher Form immer diese auch bestehen mögen, bis hin zu Gebräuchen oder Daumenregeln, also eigentlich Restriktionen, die Verhalten vorhersehbarer machen.[1] Selbst wenn implizite Normen im Vergleich zu expliziten Normen (wie Gesetzen) formell einen geringeren Verbindlichkeitsgrad aufweisen, muss das, was ihre Wirkung betrifft, faktisch nicht der Fall sein. So spricht Arthur Okun in Anlehnung an Adam Smith's Invisible Hand (d.h. an den Koordinationsmechanismus der Marktpreisverhältnisse) vom "invisible handshake" (Gordon 1990: 229), wenn er die stillschweigenden Regeln - die so genannten impliziten Kontrakte (Azariadis 1989) - zwischen ArbeitgeberInnen und ArbeitnehmerInnen anspricht.

---

[1] Die neue Institutionenökonomie verwendet einen Institutionenbegriff in dem umfassenden Sinn einer Verhaltensbeschränkung und -strukturierung: "(...) the humanly devised constraints that structure political, economic, and social interactions. They consist both of informal constraints (sanctions, taboos, traditions, and codes of conduct), and formal rules (constitutions, laws, property rights)" North (1991: 97), zit. nach Butschek (1995: 646).

Als allgemein anzuwendende Beurteilungskriterien für die Zielerreichung dienen folgende: Zweckmäßigkeit (wie geeignet für die Zielerreichung?), Effektivität (wie wirkungsstark, "produktiv" beim Einsatz?) und Kostenwirtschaftlichkeit (wie teuer kommt die Zielerreichung?). Zu einem einzigen Kriterium zusammengenommen (d.h. alle inhaltlichen Kriterien mit irgendeiner Gewichtung in Rechnung gestellt) wird dafür der umfassende Begriff Effizienz verwendet. Dabei sind allerdings die beiden nicht ganz deckungsgleichen Inhaltsebenen zu unterscheiden (Bartel 1995): die ökonomische Effizienz auf einzelwirtschaftlicher Ebene (die einzelne Unternehmung, den einzelnen Haushalt betreffend) und die soziale Effizienz auf volkswirtschaftlicher Ebene (die gesamte Gesellschaft betreffend, metaökonomische Inhalte mit einschließend).

Die Finanzwissenschaft als die Lehre von der staatlichen Aufgabenerfüllung (inklusive des nachrangigen, von der optimalen Erfüllung aller anderen Ziele abgeleiteten Ziels der Staatsfinanzierung) macht deutlich, dass ökonomische und soziale Effizienz dort systematisch auseinander fallen, wo das Funktionieren des Preiswettbewerbs zu sozial (d.h. gesellschaftlich) unerwünschten Ergebnissen führt (Nowotny 1996). Der Markt kann eben, selbst wenn er im Sinn der Preiskonkurrenz perfekt funktioniert, nicht alles bewirken. Denn das Konkurrenzprinzip (nicht-kooperatives Verhalten ist die Regel) kann Funktionen nicht erfüllen, die des Kooperationsprinzips bedürfen (Holtham/Kay 1994). Diese Problematik wird überall dort wirksam, wo es um Gemeinschaftsgüter (öffentliche Güter: Sandmo 1989) geht, wie Vollbeschäftigung, Preisniveaustabilität, Außenwirtschaftsgleichgewicht, nachhaltiges Wachstum, optimale Verteilung, Internalisierung externer Effekte (soziale Kosten und Nutzen sollen den verursachungsgerecht angelastet bzw. honoriert werden: Laffont 1989) oder funktionsfähigen Wettbewerb (Rothschild 1980).

Der Bereich der Erstellung öffentlicher Güter ist als Aufgabengebiet und Beurteilungskriterium für Wirtschafts- und Sozialverbände relevant, sobald diese - mit Blick auf die Realität trifft dies zu - zu den TrägerInnen der Wirtschaftspolitik zu rechnen sind. Wirtschaftspolitik spielt sich längst nicht nur im Bereich der Regierung und deren Exekutivorganen ab. Vielmehr macht es das institutionelle Manko eines adäquaten MitarbeiterInnenstabes für die ParlamentarierInnen erforderlich, auf die ExpertInnenstäbe der genannten Interessenverbände aus Wirtschaft und Gesellschaft zurück zu greifen (Nowotny 1997).

Die Sozialpartnerschaft in Österreich

1.2. Transaktionskosten und der Bestand von Institutionen

Würde die Wirtschaft so aussehen wie ihr Idealtypus, das theoretische Modell der vollkommenen Konkurrenz auf perfekten Märkten, fänden alle wirtschaftlichen Transaktionen (Käufe und Verkäufe von Produktionsfaktoren, Gütern und Vermögenswerten) nicht nur im allgemeinen Gleichgewicht statt, wo es keinen Entscheidungs- und Verhaltensänderungsbedarf gibt, sondern auch mit unendlich großer Anpassungsgeschwindigkeit an Änderungen in den strukturellen Rahmenbedingungen für die Wirtschaft. In solch einer friktionslosen Welt, einer Scheinwelt der vollständigen Transparenz und Information sowie der unmittelbaren und beliebig teilbaren Einsetzbarkeit aller verfügbaren Produktionsfaktoren, gibt es weder Bedarf an echter Entscheidungsfindung noch Zeitbedarf für Entscheidungsumsetzung (Butschek 1995). Die Transaktionen selbst erzeugen zusätzlich zu dem, was die Inanspruchnahme der Produktionsfaktoren für die Herstellung selbst betrifft, keinerlei zusätzliche Kosten: Die so genannten Transaktionskosten sind null.

Der Realtypus der Wirtschaft und Gesellschaft (die sozioökonomische Realität) konfrontiert einen allerdings mit den zur Gänze gar nicht beseitigbaren Unvollkommenheiten des Wirtschaftssystems, die mithin so gut wie möglich bewältigt werden sollen. Es entstehen Transformationskosten:[2] Kosten für Informationssammlung und -aufbereitung, Entscheidungsfindung und -koordination, Vertragsanbahnung, -überwachung, -kontrolle und -durchsetzung. Transaktionskosten entstehen also aus den Umständen, dass

- (brauchbare) Informationen knapp sind,
- Sicherheit beim Denken und Handeln in die Zukunft hinein fehlt,
- Sicherheitsäquivalente unvollkommen bleiben,
- Entscheidungssituationen nicht vollständig erfasst, nicht klar strukturiert und nicht gänzlich quantifizierbar (und somit sehr wohl anspruchsvoll) sind (Rothschild 1982),
- Entscheidungen selten autokratisch getroffen werden, sondern unter verschiedenen Personen mit unterschiedlichen Auffassungen, Bewertungen und Interessen abzustimmen sind,
- Transaktionen kaum je völlig allein ausgeführt werden können, weil eine ökonomisch effiziente Wirtschaft arbeitsteilig organisiert sein muss,
- Vertragsparteien sich zuweilen nicht kooperativ verhalten, sondern - unter Konkurrenzdruck - Kosten auslagern und zu Lasten anderer sparen wollen (sie

---

[2] Vgl. z.B. Verwaltungslexikon, Transaktionskosten, www.olev.de/t/transaktionskost.htm oder Butschek (1995). Für eine theoretische Darstellung vgl. Cheung (1989). Laut North und Wallis (1987) hätte der Anteil der Transaktionskosten am Bruttoinlandsprodukt langfristig von einem Viertel auf nahezu die Hälfte zugenommen (zit. nach Butschek 1995).

defektieren, weichen vom Vertrag ab), weil Verträge über anspruchsvolle Leistungen nie vollständig definierbar, sondern nur interpretierbar sind,
- die Durchsetzung der notwendiger Weise unvollständigen Verträge aber Zeit kostet (Opportunitätskosten entstehen) und Ausgaben erfordert, indes sie nur unsicher zu bestimmten Erträgen führt, usw.

Eine nicht zu unterschätzende Herausforderung sozialen (wirtschaftlichen, politischen) Handelns ist es somit, die Transaktionskosten systematisch zu minimieren. Einerseits erfolgt dies durch den Staat in Form von gesetzlichen Normen, welche Erwartungssicherheit fördern sollen, zum anderen auf Grund sonstiger Institutionen der Wirtschaft und Gesellschaft, welche ebenfalls ein einigermaßen systematisches und folglich vorhersehbareres Verhalten von TransaktionspartnerInnen schaffen sollen. Eine solche Institution wäre die Organisationsform Unternehmung (als interne Institution), eine andere ein Interessenverband (als externe Institution).[3]

Geht man davon aus, dass eine solche Institution ein Ziel verfolgen soll, aber in ihren Organen Menschen als OrganwalterInnen mit jeweils eigenen, persönlichen Zielen agieren, die mit der institutionellen Zielsetzung nicht übereinstimmen müssen (Stiglitz 1989), sondern konfligieren können, so rechtfertigt sich und überlebt die Institution letztendlich nur, wenn die internen Transaktionskosten (Reibungsverluste innerhalb der Institution) geringer sind als die Transaktionskosten, die bei den selben Aufgaben entstünden, wenn diese ohne institutionelle Hilfe wahrgenommen würden. Es ist doch die Reduzierung (Einsparung) von Transaktionskosten, die eine Institution effizient macht. Andernfalls sollten die Kosten, welche die Aufrechterhaltung der Institution (inklusive deren interne Transaktionskosten) erfordert, nicht mehr anfallen dürfen, denn die Institution ist dann primär zum Selbstzweck der OrganwalterInnen geworden und kann daher das gesetzte institutionelle Ziel nicht überlegen erreichen; eine andere Institution oder gar ein institutionsfreier Raum wäre für jene Menschen, deren Interessen eigentlich verfolgt werden sollten, hinsichtlich der Wohlfahrt (Netto-Nutzensumme) besser (Mueller 1989). Dabei kann es sowohl das Ziel der Institution sein, die nur Gesamtwohlfahrt ihrer Mitglieder, nach der sich die institutionellen Leistungen richten (also nicht die persönliche Wohlfahrt der OrganwalterInnen), zu maximieren, oder aber die soziale Wohlfahrt als ganze, wobei damit jedoch nicht gesagt sei, dass es einen Konflikt zwischen Gruppenwohlfahrt und Gesamtwohlfahrt geben muss.

---

[3] Der diesbezüglich bahnbrechende Beitrag stammt von Ronald Coase (1937). Er erklärt die Existenz von (größeren) Unternehmen durch Transaktionskosten (knappe theoretische Darstellung bei Cooter 1989) und bildet den Ausgangspunkt für die auf neoklassischen Fundamenten beruhende Neue Institutionenökonomik (Butschek 1995).

Die Sozialpartnerschaft in Österreich

Wir sehen von der Problematik der internen Transaktionskosten ab, wiewohl diese besonders dann nicht zu vernachlässigen ist, wenn die Institution einen Pflichtmitgliedschafts- und -beitragscharakter besitzt.

„Wenn man mit einem Partner eine langfristige Zusammenarbeit aufbauen will, muss man auf Empfindlichkeiten Rücksicht nehmen" Christoph Leitl, in: Der Standard, 20. 02. 2000, S. 24).

2. Sozialpartnerschaft und soziale Wohlfahrt

Hier soll es nun um zwei zu analysierende Inhalte gehen: zum einen die Frage der Macht von Institutionen zur Interessendurchsetzung und zum anderen die Frage nach wirtschafts- und sozialwissenschaftlicher Erkenntnisgewinnung über die Nutzen von Institutionen. Der erste Aspekt betrifft die reine (positiv-theoretische) Erklärung des Phänomens gesellschaftlicher Macht, und es ist wichtig, ihn zu kennen, um Verteilungswirkungen zu Gunsten einer partikularen Interessengruppe, welche die soziale Wohlfahrt (das Wohlergehen der gesamten Gesellschaft) reduziert, in zweckmäßiger Reaktion darauf hintan halten zu können. Der zweite Gesichtspunkt betrifft die normative (wertende) Anschauung davon, inwieweit sich die Gruppeninteressen mit dem sozialen Interesse decken oder ihm entgegenstehen Nowotny 1996).

2.1. Interessenkonflikte und Macht, Kooperation und soziale Wohlfahrt

Die partiellen Gruppeninteressen in der Gesellschaft werden dem bisher Gesagten entsprechend von den jeweiligen Interessengruppen wahrgenommen. Zur Realisierung ihrer Interessen verhalten sich die Gruppen ökonomisch effizient: Es geht rein um Ziel-Mittel-Überlegungen, wie die Gruppeninteressen mit dem geringsten Aufwand erreicht werden können. Strategisches Verhalten (falsche Angabe von Vorlieben, um dadurch auf Kosten anderer einen Vorteil zu erreichen) ist dabei ein Mittel, an Macht und somit an Effektivität zu gewinnen, um das partikulare Ziel der Gruppe effizient erreichen zu können. Zu diesem Zweck beanspruchen die einzelnen Interessengruppen vorgeblich, vermeintlich bzw. in Wahrheit, dass ihre jeweiligen Gruppeninteressen auch im Interesse der Volkswirtschaft und der Gesellschaft als ganze stehen. Dieser Umstand ist nicht bloß mit strategischem Verhalten zur Durchsetzung von Partialinteressen in der öffentlichen Meinungs- und politischen Willensbildung zu erklären (die alternative Perspektive dazu wird im nächsten Unterabschnitt behandelt). Hier

wenden wir uns zunächst dem Aspekt der Macht zur Durchsetzung von Partikularinteressen zu.
Macht nimmt im Bereich gemeinsamer gesellschaftlicher Entscheidungsfindung, wo der Entscheidungsprozess demokratisch organisiert ist (Public Choice, kollektive Entscheidungen, demokratische Wirtschaftspolitik), die Form von strategischer Ausnützung von Informationsvorsprüngen in einer Welt an, die durch Unsicherheiten über die Zukunft geprägt ist (Bartel 1993).[4] Exklusive Information über die Verteilungswirkungen gemeinsam zu beschließender Maßnahmen, vor allem zu begründender Normen, lassen die kollektive Entscheidung jeweils zu Gunsten der Interessengruppen mit dem Informationsvorsprung ausfallen (Mueller 1989). In dieser Hinsicht ist es wohlfahrtspolitisch entscheidend, zwischen den am kollektiven Entscheidungsprozess beteiligten Gruppen Informationen auszutauschen und, wenn irgend möglich, eine gemeinsame, allseits akzeptierte Informationsbasis für die gemeinsame Entscheidung zu schaffen.
Gesamtwirtschaftliches Informationsmanagement der Interessengruppen miteinander stellt somit Machtkontrolle dar und kann, wenn im Abstimmungsprozess zwischen den Verhandlungsparteien keine "Einbunkerung" in den Verhandlungen ("Hold-out") entsteht (Vanberg 2001), zur wirtschaftspolitischen und sozialen Optimierung beitragen.[5] Die Bedeutung sozialpartnerschaftlicher Organisation besteht diesbezüglich in ihrem zentralistischen Charakter. Denn die Bereitstellung von sozial relevanter Information ist ein öffentliches Gut. Zweckdienliche Information ist nämlich zum ersten ziemlich kostenträchtig. Zum zweiten kommt die Information, so sie tatsächlich sozial relevant ist, allen Mitgliedern der Gesellschaft zu Gute, so dass der Anreiz von Individuen dominiert, sich als "FreifahrerIn" ("TrittbrettfahrerIn", "SchwarzfahrerIn") zu verhalten und auf die Bereitstellung des öffentlichen Gutes soziale Information zu warten. Zum dritten ist es selbst bei sozial relevanter Information äußerst ungewiss, ob ein Individuum auf sich gestellt die entsprechende, auf dieser Information beruhende Verbesserung auf sozialer Ebene ohne geeignete Beziehungen zu einflussreicheren Kooperations-

---

[4] "Uncertainty creates the possibility to exercise power, information provides the capacity to do so" (Mueller 1989: 248).

[5] "It is reasonable to assume significant information asymmetries between politicians and the public as their principal which render it more difficult to control political decisions. The general task of economic advice to the public - as distinguished from the advice to politicians - is not only to reduce these asymmetries by enhancing transparency on the issues, alternatives and trade-oofs, but also to explain the consequences of remaining information asymmetries and possible institutional remedies to political opprotunism" (Berninghaus et al. 2002: 435). Sozialpartnerschaft als gesellschaftlicher Think Tank sollte sicherlich und könnte vielleicht diese Aufgabe erfüllen.

und ReformpartnerInnen (Social Capital Networks: Wintrobe 2001) erreichen kann.

Diese für Individuen aufgestellten Hypothesen finden sich in Anthony Downs (1957) Theorie der "rationalen Unwissenheit" von WählerInnen (Bartel 1994), doch haben sie wohl auch für partikulare Interessengruppen analoge Gültigkeit, insbesondere wenn die oben erwähnte Gefahr eines "Hold-out" durch die nötigen KooperationspartInnen gegeben ist.

Folglich liegt die Wichtigkeit sozialpartnerschaftlicher Verhandlungen sowohl in der expliziten oder gar "nur" impliziten Bereitschaft, sich an der Sammlung und Aufbereitung sozial relevanter Information zu beteiligen, als auch an dem Commitment, bei der gemeinsamen Suche nach sozial optimalen oder verbessernden Lösungen nicht zu defektieren (d.h., nicht vom Kontrakt der Kooperation abzuweichen), sich also eben nicht in den Verhandlungen "einzubunkern".

Die Transaktionskosten einer gemeinsamen Entscheidungsfindung in sozial relevanten Verhandlungen können durch die Institution "sozialpartnerschaftliche Organisation der Verhandlungen" minimiert werden.[6] Die dabei eingesparten Ressourcen können und sollen für andere sozial nutzbringende Produktionen eingesetzt werden (indes unbeschäftigte Ressourcen dem Prinzip sozialer Effizienz widersprechen).

Wintrobe (2001) unterscheidet drei Motive sozialen Verhaltens, also eines Verhaltens, wo das eigene Handeln oder Unterlassen in irgendeiner Form von anderen Wirtschaftssubjekten (mit) bestimmt wird (in ganz ähnlicher Weise tut dies auch Kolm 2000):

- erstens Konformismus, entweder weil Imitationsverhalten per se einen Nutzen stiftet oder als Mittel zur Herabsetzung von Entscheidungsunsicherheit angewandt wird ("Herdenverhalten"),
- zweitens Emotionen in Form von Sympathie oder Antipathie und

---

[6] Die Transaktionskostensenkung wird in Österreich auch durch Personalunionen unterstützt: "Die enge personelle Verflechtung zwischen den wirtschaftspolitischen Entscheidungsgremien bringt es mit sich, daß kompensierende Politikstrategien und damit Effizienzkosten des policy mix weitgehend vermieden werden konnten" (Mooslechner 1985: 168). Allerdings zeigt Baigent (1998) formal-theoretisch anhand eines zweistufigen Spiels, dass die hierarchische (Top-Down-)Struktur der Organisationen, die in Österreich die Institution Sozialpartnerschaft als Players gestalten, selbst unter sonst günstigen Bedingungen für Kooperation ökonomisch ineffiziente (Pareto-superiore) Ergebnisse hervorbringt, weil die - an sich Koordinationskosten sparenden - Top-Down-Hierarchien den Möglichkeitsraum mit seiner Vielfalt an Verhandlungsalternativen einschränken. Andererseits wiederum zeigt Walther (1984) - nicht spieltheoretisch, ohne Transaktionskosteneinfluss und unter einem konventionell-mikroökonomischen Gesichtspunkt -, dass Preisregelung durch die Paritätische Kommission sozial durchaus effizient (Pareto-verbessernd) sein kann.

- drittens erhoffte Reziprozität des eigenen Verhaltens (Investitionen in die spätere Kooperationsbereitschaft der anderen).

Die Institution Sozialpartnerschaft, die eine Minimierung der Koordinations- und Konfliktkosten bewirken soll, mag durch alle drei Motive bedingt sein:
- Erstens kann Unsicherheit über die tatsächliche Richtigkeit der Auffassung der jeweils eigenen Gruppe in bestimmten Sachfragen zur Annäherung und Anlehnung an oder zur Übernahme der Meinung der anderen Gruppe(n) anreizen.
- Zweitens kann das Phänomen "Gruppendenken im Zentrum der Macht" (van Gunsteren 1976) durch einen Warm-glow Effect (Palfrey/Prisbrey 1997) erklärt werden (nicht so sehr - spieltheoretisch gesprochen - die "Auszahlung" aus einem kooperativen Verhalten ist wichtig, sondern der Beitrag zu einem Gemeinschaftsgut), was wiederum auf Sympathie innerhalb einer Kleingruppe zurückgeführt werden mag. Zudem verweist Geddes (2000) anhand des Beispiels von auf Partnerschaften basierenden lokalen Entwicklungsinitiativen in der EU auf das Problem der Elitenbildung in kleineren Gruppen (von Organisationen) statt der Etablierung von Inclusion Coalitions zur Findung wahrlich gemeinschaftlicher Lösungen ohne Ausschluss bzw. nicht zu Lasten einzelner Gruppen.
- Drittens ist erhoffte Reziprozität kooperativen Verhaltens Ausdruck dafür, dass für die Gruppen nicht-kooperatives Verhalten höhere Kosten i.w.S. trägt bzw. niedrigere Erträge i.w.S. bringt; das steht im Einklang mit der Theorie impliziter Kontrakte, welche wiederum mit der "Tinbergen-Regel" fundiert werden kann, dass zur Erreichung von N Zielen auch N Instrumente einzusetzen sind, wobei einer bestimmten Gruppe nicht alle Instrumente zur Verfügung stehen (z.B. Lohn- und Preispolitik zur Realisierung einer bestimmten Primärverteilung der Einkommen).

Eine besondere Gefahr der Ausrichtung an den eigenen Gruppeninteressen und somit einer Verweigerung für sozial orientierte Verhandlungslösungen ist gegeben, wenn es (neben anderen Gruppen) von der Mitgliederzahl her kleine, aber von den Netzwerkbeziehungen her einflussreiche Interessengruppen gibt (Social Capital Networks: Wintrobe 2001). Der Anreiz zu machtpolitisch getragenen "Alleingängen" (Nicht-Kooperation) ist dann deshalb so groß, weil das Ausmaß an partikularer Nutzen- und Lastenumverteilung insgesamt nicht sehr groß sein muss, um den relativ wenigen Begünstigten pro Kopf einen vergleichsweise hohen Nutzenzuwachs zu bescheren (relativ heißt im Vergleich zu Interessenverbänden mit hohen Mitgliederzahlen). Die Umverteilungswirkung wird also von der Allgemeinheit weniger deutlich wahrgenommen (Fehr 1986). Die (kostenträchtige) Befassung der Gesellschaft mit diesem Problem wird daher eher dem Bereich der vernachlässigbaren Kleinigkeiten

Die Sozialpartnerschaft in Österreich

(Benign Neglect) zugeordnet und - nach einer ökonomisch effizienten Priorisierung aller öffentlichen Debatteninhalte - in Anbetracht der Zeit- und übrigen Ressourcenknappheit durchaus rational nachgereiht.

Nicht zuletzt geschieht diese Vernachlässigung auch deshalb, weil eine von der Sachlage her abgegrenztere, kleinere Interessengruppe (Primärgruppe) ihre Interessen effektiver organisieren kann (Freifahren ist in der Kleingruppe objektiv schwieriger). Die Mitglieder der Primärgruppe sind zwar ebenfalls Mitglieder in zahlenmäßig größeren, schwerer organisierbaren und daher weniger mächtigen Sekundärgruppen (z.B. als KonsumentInnen und SteuerzahlerInnen), doch sind dort die erlittenen Nachteile durch das effektive Lobbying seitens der Primärgruppe wegen der breiteren Verteilung der Zusatzbelastung auf die Personen geringer, so dass sich dadurch ein positiver Nettonutzen des Lobbying für die Sekundärgruppenmitglieder ergibt (von Weizsäcker 1982).

Die wenig transparente und somit wenig ver- oder behinderte Umverteilung von Sekundär- zu Primärgruppen in der Gesellschaft kann theoretisch sogar eine Erhöhung der sozialen Wohlfahrt bewirken, doch erscheint dies praktisch gesehen unwahrscheinlich, zumal gesellschaftliche Machtpositionen meist ökonomisch fundiert und die breiteren, aber sozial schwächeren Gruppen, welche von Umverteilung zu ihren Gunsten besonders stark profitieren würden, kaum die ökonomisch mächtigen sind.

Erzeugt Umverteilung durch Lobbying von Interessengruppen negative Effekte auf die soziale Wohlfahrt, so ist zumindest insofern eine Bremse zur Verlangsamung der gesamtgesellschaftlichen Schlechterstellung vorhanden, als Umverteilungsmaßnahmen zum Vorteil einer breiten Schicht, die durch eine große Interessengruppe durchgesetzt werden, in beiderlei Hinsicht besonders merklich sind, und zwar sowohl was die Belastung für die Allgemeinheit betrifft als auch was die Zurechenbarkeit dieser Belastung zu einer breit und prominent in der Öffentlichkeit stehenden Großorganisation angeht (Fehr 1986).

Resümierend kann und Sozialpartnerschaft dazu dienen, zum einen die Umverteilungseffekte und die Strategie der die Umverteilung durchsetzenden Interessengruppen transparent zu machen und zum anderen einen eventuellen Lobbying-Wettlauf der großen Interessengruppen hintan zu halten, so dass schließlich insgesamt Umverteilung transparenter und demokratisch besser legitimiert wird. Dadurch dürfte die soziale Wohlfahrt gefördert und auch sozial effizienter verteilt werden (Falkinger 1997, Zweimüller 2000).

2.2. Partialinteressen und Gemeinschaftsinteressen

Ging es bislang um die Frage der Effektivität und Kostenwirtschaftlichkeit der Institution Sozialpartnerschaft bei der Koordination in sozial und wirtschaftspolitisch relevanten Fragen, steht nun der Gesichtspunkt der Zweckmäßigkeit sozialpartnerschaftlicher Organisation im Vordergrund.
Der Auffassungsunterschied über die volkswirtschaftliche und somit wohlfahrtspolitische Bedeutung der eigenen Gruppeninteressen bzw. Interessengruppe ist, wie alle die Gemeinschaft betreffenden und daher immanent politischen Fragen auch, nicht nur durch strategisches Verhalten zu begründen, sondern auch durch die subjektive Herangehensweise an Verständnis und Erklärung der komplexen, intransparenten, historisch und vom Zufall mit geprägten Realität.
Ein subjektiver Ansatz zur Erklärung der Realität, zur Diagnose von Problemen und zu sich daraus folgerichtig ergebenden Problemlösungen muss nicht unbedingt irrational im Sinn von unreflektiert und völlig inobjektiv sein. Sozialwissenschaftlicher Erkenntnisgewinn beruht auf Theoriebildung und empirischer Überprüfung, die einander wechselweise beeinflussen und leiten. Dennoch sind empirische Befunde eigentlich nur eher vage Hinweise für die Theoriebildung und niemals Beweise für oder gegen eine Theorie. Das Wesen der Theoriebildung besteht immerhin in der gedanklichen und formalen Vereinfachung der als zu komplex niemals auch nur annähernd analytisch erfassbaren Realität. Erkenntnis wird also eigentlich durch Abstraktion von der Realität gewonnen. Auf welche Art und Weise die Vereinfachung im Modell (der Modellbau, die Theoriebildung) erfolgt, ist teils dem nicht unwissenschaftlichen und wohl unvermeidlichen ontologischen Werturteil der einzelnen AnalytikerInnen überlassen, wie das Grundprinzip des Funktionierens der Wirtschaft wohl am besten aufzufassen wäre. Diese auch subjektive, nur unvollkommen objektivierbare Entscheidung über die Auffassung, wie die sozioökonomische Welt im Wesentlichen funktioniert, steckt aber bereits mit den ihr zu Grunde gelegten Annahmen den Möglichkeitsraum der zu erzielenden Analyseergebnisse ab (Bartel 1991).
Aus dieser Sicht bleibt es den PartnerInnen im Rahmen der Sozialpartnerschaft nicht erspart, sich auch mit diversen Werturteilen auseinander zu setzen (Bartel 1991): mit Werturteilen ontologischer Art (wie erfasse ich die Realität vereinfachend am besten?), teleologischer Art (wie erreiche ich ein wirtschaftspolitisches Ziel am besten?) und ideologischer Art (welche Ziel-Mittel-Kombination ist für die Gesellschaft am besten?). Anders als durch das Diskutieren von Werthaltungen kann die jeweils aufgestellte Beziehung zwischen der Realisierung der Gruppeninteressen und der Förderung oder

Beeinträchtigung der sozialen Intereressen durch die Interessengruppen nicht einigermaßen einverständlich dargestellt und nicht in Kompromissen zur akzeptierbaren gemeinsamen Auffassung gemacht werden.
Angesichts der essenziellen Unsicherheit in sozialen Systemen, die sich natürlich auch in den Sozial- und Wirtschaftswissenschaften auswirkt und fortsetzt, mag der Anreiz zum Kompromiss in fundamentalen Fragen von Wirtschaft und Gesellschaft eine gewisse Absicherung gegenüber jeweils mehrheitlich durchgesetzten Extremlösungen bieten, welche auf Grund ihres extremen Charakters vielleicht nicht die (kaum erreichbare) ideale und auch keine Zweitbest-Lösung (Rothschild 1982) beinhalten mögen. Doch selbst dies ist ungewiss. Also ist die Bereitschaft zu sozialpartnerschaftlichem Dialog und Commitment nicht zuletzt eine Grundsatzentscheidung über wirtschafts- und sozialtheoretische und -politische Fundamentals.

„Österreich entwickelte sich nach dem Zweiten Weltkrieg von einem der ärmsten zu einem der reichsten Staaten des industrialisierten Europa. Viele Analytiker vertreten die Auffassung, daß die Sozialpartnerschaft wesentlichen Anteil an dieser außerordentlichen Expansion trage" (Butschek 1995: 606).

3. Effektivität, Zweckmäßigkeit und Zukunft der Sozialpartnerschaft

3.1. Korporatismus und soziale Performance

Die Effektivität bzw. Zweckmäßigkeit sozialpartnerschaftlicher Organisation sozialer Interessen soll nicht nur wie bislang nach theoretischen Überlegungen, sondern nun auch nach einigen Kriterien empirisch beleuchtet werden.
Was die Umverteilung von Primäreinkommen durch eine Lohnpolitik betrifft, die über die Produktivitätsfortschritte hinaus geht oder hinter ihnen zurückbleibt, stellen Calmfors und Drifill (1988) fest, dass es dort wenig Umverteilung gibt, wo der Korporatismusgrad auf Seite der ArbeitnehmerInnen gering ist (viele kleine, relativ machtlose Gewerkschaften) und auch dort, wo ein hoher Grad an korporatistischer Organisation gegeben ist (zentralisierter, relativ mächtiger Gewerkschaftsverband, der, wie oben theoretisch erörtert, durch die Merklichkeit seiner etwaigen Machtentfaltung in den Lohnverhandlungen von einer besonderen Expansivität der Lohnforderungen zurückgehalten wird). Lediglich im Mittelbereich der Korporatismusgrade wird folglich eine umverteilende Lohnpolitik zu Gunsten der ArbeitnehmerInnen verzeichnet, wenn nämlich mehrere mittelgroße Gewerkschaften in Bezug auf Lohnerhöhungen untereinander konkurrieren und somit gesamtwirtschaftlich expansiv wirken, ohne dass einer von ihnen eine besondere oder die

entscheidende "Schuld" an der volkswirtschaftlichen Umverteilung zugewiesen werden könnte. Für Österreich wird der Zentralisierungsgrad der Lohnverhandlungen allgemein als am höchsten eingeschätzt, wobei die Reallohnflexibilität makroökonomisch relativ niedrig ausfällt (Rafferzeder 2004) - zumindest bei den Kollektivvertragslöhnen (KV), wo die durch KV-Überzahlungen eingeräumte Flexibilität fehlt (Pollan 2000).[7] Ebenso wie die Reallohnflexibilität ist immerhin die Arbeitslosenquote gering.

Eine U-förmige Kurve, welche die volkswirtschaftlichen Kosten in Abhängigkeit von einem wie auch immer gemessenen Korporatismusgrad repräsentiert, findet sich in so manchen empirischen Querschnittsuntersuchungen zwischen verschiedenen Ländern. Doch meint Butschek (1995: 648) ein wenig skeptisch relativierend: "Zwar kann man diese nichtlineare Beziehung schwer nachweisen - nicht zuletzt deshalb, weil die Einordnung der Länder nach der Struktur ihrer Gewerkschaften nicht leichtfällt - doch zeigen die (...) Daten, daß dies einigermaßen für einen monotonen Zusammenhang zwischen Zentralisation und zurückhaltender Lohnpolitik - und deren Folgen - gilt (...). Die Zentralisation der Lohnverhandlungen - oder deren Koordination durch 'Lohnführerschaft' - kann durch entsprechende Organisationen auf der anderen Marktseite, also durch die Arbeitgeber ergänzt oder auch substituiert werden. In der Schweiz etwa sind die Gewerkschaften relativ schwach, doch sichern starke Unternehmerverbände entsprechend zentralisierte Lohnverhandlungen - möglicherweise wirken historische Erfahrungen (Friedensabkommen) nach."

Dieses interessante institutionelle Verhalten (ArbeitgeberInnenverbände sorgen für Tarifzentralisierung) kann auch mit der Theorie der Effizienzlöhne (Gordon 1990) erklärt werden, indem Unternehmen wissen, dass kompetitive Lohnsenkungen unter den Unternehmen in so manchen (anspruchsvollen) Arbeitsbereichen negative Effekte auf die Arbeitsproduktivität und -stückkosten nehmen können. Ebenso ist die Auswirkung von Lohnsenkungen (Stückgewinnsteigerungen) auf die Güternachfrage und somit die Gesamtgewinne zumindest fraglich (Appelbaum 1982).

Jedenfalls sind Einteilungen von Ländern nach ihrem Korporatismusgrad jeweils methodisch zu hinterfragen. Sofern sauber kategorisiert wurde und kein begründeter Zweifel über die Kausalrichtung zwischen Institutionen und

---

[7] Immerhin erhalten Hofer und Weber (2001) empirische Evidenz dafür, dass Reallohnflexibilität in Österreich teils in Form einer Mobilität der Arbeitskräfte zwischen den Quintilen der Lohnverteilung stattfindet und sowohl als eine Art Reallohflexibilität interpretiert werden kann als auch einen nivellierenden Einfluss auf die vertikale Lohverteilung ausübt - Letzteres allerdings nur halb so stark wie in vergleichbaren OECD-Staaten.

Die Sozialpartnerschaft in Österreich

Wirtschaftsentwicklung besteht (Acemoglu/Snowdon 2004), bieten vorliegende Studien einen zuverlässigen Einblick, allerdings hauptsächlich in die Effektivität und weniger in die (sehr verschiedentlich interpretierbare) Zweckmäßigkeit und somit auch die soziale Effizienz korporatistischer Strukturen. Die hier angemerkten Relativierungen sollen die empirischen Resultate allerdings nicht pauschal in Zweifel ziehen, sondern lediglich vor zu oberflächlichen und zu weit reichenden Urteilen warnen.[8] Allerdings sind Untersuchungen in Bezug auf starkes Wachstum oder hohe Beschäftigung und gleichzeitig auf niedrige Inflation[9] in ihrer Interpretation unproblematisch im Vergleich zu Analysen bezüglich Änderung der Lohnquote oder anderer Verteilungsmaße.

Nach Butschek (1995) gelangen einige empirische Untersuchungen der beiden Dekaden nach dem ersten Ölpreisschock (1973) zu dem Ergebnis, dass die im Vergleich zu den EU-Mitgliedern stärker korporatistischen EFTA-Staaten eine geringere Arbeitslosenquote und eine niedrigere Inflationsrate aufzuweisen hätten.

Die Feinheit der Erfassung korporatistischer Strukturen und ihrer Wirkungsweise dürfte immer wieder eine Begründung für durchaus unterschiedliche Ergebnisse empirischer Untersuchungen sein (Acemoglu/Snowdon 2004), wie etwa die folgenden Studien beispielsartig zeigen sollen.[10]

Schneider und Wagner (2001) erhalten in ihrem empirisch geschätzten Wachstumsmodell mit Panel-Daten der Europäischen Union von 1961 bis 1995 sehr wohl einen positiven Einfluss des Korporatismus als institutionalisiertes

---

[8] So wie die Struktur und mithin die Effektivität des Korporatismus länderweise sehr verschieden sein kann, so können es ihre Effekte im Hinblick auf die Zweckmäßigkeit sein. Die Qualität des Korporatismus und insbesondere das sozialpartnerschaftliche Wirken innerhalb seines strukturellen Korsetts (der Ablauf innerhalb der institutionell vorgegebenen Strukturen) ist nicht einfach einzuschätzen: "It is above all econometric evidence that proves that the quality of institutions is indeed important for economic growth within society" (Berninghaus et al. 2002: 429).

[9] Hier geht der "exegetische Streit" schon wieder los, denn einige meinen, eine niedrige Inflationsrate müsse immerhin deutlich positiv ausfallen, um Deflationsängste und in der Folge Krisengefahr zu vermeiden. Z.B.; "Unterdessen warnte der deutsche Wirtschaftsweise Peter Bofinger vor deflationären Tendenzen. Kostenlose Mehrarbeit sei zwar für einzelne Unternehmen eine gute Sache. Für die Volkswirtschaft bestehe aber die Gefahr, dass die Kaufkraft zurückgehe, und "wir deflationäre Tendenzen bekommen und dass man sich auf die Art und Weise den Ast absägt, auf dem man sitzt", sagte der Professor dem ARD-Wirtschaftsmagazin 'Plusminus' laut einer Vorausmitteilung" (Der Standard - online, 07.07.2004).

[10] "(...) better data bases are a precondition for the further development of NIE (New Institutional Economics; Anm. d. Vf.) as a sub-discipline of economics and for deriving policy advice" (Berninghaus et al. 2002: 431).

Konfliktmanagement auf das langfristige Wachstum der Wirtschaft. Jedoch wirkt sich das Wachstum des öffentlichen Sektors dämpfend aus, so dass die Autoren einen unterlinearen Zusammenhang zwischen konfliktregelnden Institutionen und Wohlstandswachstum ausweisen. Offenbar bietet ein in seinem Wachstum nicht restringierter öffentlicher Sektor mehr Möglichkeiten für Lobbyismus zwecks gruppenspezifischer Vorteilsnahme (Rent Seeking: Mueller 1989).

Galli (1999) trifft offensichtlich ebenfalls relevante institutionelle Unterscheidungen. Sie findet für 18 OECD-Staaten von 1960 bis 1993 heraus, dass dezentrale (d.h. wenig korporatistische) Länder rascher wüchsen als korporatistische und dass sich Gewerkschaftseinfluss negativ auf das Wachstum auswirkten. Aber korporatistische Macht- bzw. Entscheidungsstrukturen beeinflussten das Wachstum positiv, wenn der Gewerkschaftseinfluss groß wäre und die Regierung von Linksparteien gestellt würde.

Cherchye und Moesen (2003) erfassen die institutionelle Infrastruktur als erklärende Variable durch Indikatoren für politische Stabilität (Instabilität sind Regierungswechsel, Unruhen, Krieg), Qualität der Regierung (Übel sind Schwarzmarkt, Korruption, Mangel an Recht und Ordnung) und soziale Infrastruktur (Näherungsvariable für bürgerliche Freiheiten). Mit ihnen erklären sie verschiedene Produktivitätsmaße, wie Output pro Beschäftigtem und totale Faktorproduktivität, sowohl die Niveaus als auch die Veränderungen dieser Maße (unterschieden in technischen und organisatorischen Fortschritt). Dabei können auch die Wirkungskanäle identifiziert werden. Gute Institutionen fördern in den analysierten 26 OECD- und 31 Nicht-OECD-Ländern (1975-1990) sowohl die Kapitalakkumulation als auch die Durchführung komplexer Transaktionen, die Spezialisierung und die Flexibilisierung bei jeweils relativ niedrigen Transaktionskosten und regen nicht zuletzt nicht nur den technischen, sondern auch den organisatorischen Fortschritt an. Ebenso wird der Aufholprozess der weniger weit entwickelten Staaten institutionell gefördert. Beschleunigt werden kann dieses Catching-up durch eine größere Nähe zu den technologischen Innovationen (dem "State of the Art") der führenden Länder; diese (am besten institutionell zu regelnde) technologische Annäherung führt sogar zu abnehmenden Kosten zusätzlicher Innovationen bei Produkten und Verfahren.

Chanda und Putterman (2004) geben einen breiten Literaturüberblick über soziale Faktoren des Wachstums in Entwicklungsländern und bestätigen dabei den theoretischen Ansatz von Adelman (1961), dass neben den Leistungsströmen der Produktionsfaktoren Arbeit, Kapital und natürliche

Ressourcen auch der Wissensstand und so etwas wie "Social Capability"[11] Faktoren langfristigen Wachstums sind. Die beiden Autoren stellen - ebenso wie Acemoglu/Snowdon (2004) - fest, kulturelles Erbe und berufliche Ausbildung reichten zuweilen nicht für die Wachstumserklärung hin, sondern Social Capability als "societal capacity for growth" (Chanda/Putterman 2004: 24) könne mit ein Erfordernis für die langfristige Wohlstandsentwicklung sein. Mit dieser Voraussetzung sind auch Institutionen der gesellschaftlichen Zusammenarbeit und Informationsdispersion zwecks Erzielung synergetischer Effekte im "Konglomerat" von Technik, Wirtschaft und Gesellschaft gemeint.

Offenbar sind einerseits Institutionen der Rechtssicherheit für das Funktionieren des Marktmechanismus unabdingbar (Definition von Eigentumsrechten und Regeln für den Wettbewerb), andererseits sind aber auch Institutionen, die im Intermediärbereich zwischen Staatsgewalt und Marktmechanismus erforderlich, welche den Markt in den kritischen Bereichen des Markt- und ebenso Politikversagens durch Koordination sozial förderlicher Verhaltensweisen zweckmäßig und verdienstvoll ergänzen und so zur sozialen Effizienz beitragen.[12]

3.2. Hinterfragung und Richtungsweisung der Sozialpartnerschaft

3.2.1. State of the Art der Institutionenökonomie
Als State of the Art der New Institutional Economics resümieren Berninghaus et al. (2002), was uns bei den noch folgenden Erwägungen als Hintergrundinformation bei der Einordnung und Relativierung unserer Beurteilungen dienlich sein kann:
- Dem Aspekt der institutionellen Infrastruktur sollte in der Wirtschaftspolitik so viel Augenmerk geschenkt werden wie bisher den Investitionen in physische Infrastruktur.
- Besonders zu betonen ist die Funktion von Institutionen zur Erwartungsstabilisierung und Erleichterung der Investitionsplanung.
- Folglich wird empfohlen, Regierungen sollten sich fester an eine langfristig ausgerichtete Institutionenpolitik binden, und zwar derart, dass ein Abweichen

---

[11] Die Bezeichnung "Social Capability" selbst wurde erst von Abramovitz (1986) geprägt (Acemoglu/Snowdon 2004).
[12] "Social capability refers to the various institutional arrangements which set the framework for the conduct of productive economic activities and without which amrket economies cannot function efficiently" (Acemoglu/Snowdon 2004: 92). Im Gegensatz dazu werden etwa endemische Rent-Seeking-Aktivitäten (wie oben besprochen) als "perverse infrastructure" (Acemoglu/Snowdon 2004: 92) bezeichnet, als schlechte Institutionen, welche produktivitätshemmend statt -fördernd wirken.

von diesem Commitment mit empfindlich hohen Kosten für die Regierung verbunden wäre.
- Die Transparenz von Institutionen und ihrer Wirkungsweise ist vor allem dann wichtig, wenn institutionelle Änderungen vorgenommen werden sollen.
- Für die Bearbeitung derart anspruchsvoller Fragestellungen müssten nicht zuletzt die Datenbasen wesentlich verbessert werden.
- Schließlich wäre bei Änderungen externer Institutionen (wie beispielsweise der sozialpartnerschaftlichen Kooperationsmuster und Kompetenzbereiche) auch auf die Struktur der internen Institutionen (etwa der an der Sozialpartnerschaft beteiligten Organisationen) Bedacht zu nehmen.

3.2.2. Besonderheit der Sozialpartnerschaft

Bei all diesen Überlegungen werden aber sozialpartnerschaftliche Kooperationsweisen nicht prinzipiell hinterfragt. Dieser Aspekt - es ist jener der Zweckmäßigkeitsprüfung - soll im nachfolgenden Gliederungspunkt nachgeliefert werden. Dabei wird die Sozialpartnerschaft primär in ihrer normativen Vermittlungsfunktion im Intermediärbereich zwischen Marktversagen (durch ruinösen Wettbewerb bedingter "Zwang zur Lüge", wie Weizsäcker 1982 formulierte, Rent Seeking, Übervorteilung usw.) und Politikversagen (Rent Distribution, Ideologieverwirklichung um jeden Preis, Wahlarithmetik etc.) gesehen.[13] An dieser Stelle soll es genügen, eher wichtige Fragen aufzuwerfen, Thesen aufzustellen, Argumente zu finden und Diskussionen über die Zweckmäßigkeit und soziale Effizienz der Sozialpartnerschaft in Österreich anzuregen, als fertige Antworten vorzulegen.

Das Besondere an der Sozialpartnerschaft in Österreich war, dass sie unkonventionelle wirtschaftspolitische Konzepte (ungewöhnliche Ziel-Mittel-Zuweisungen) mittrug oder gar vorbereitete und voran trug (Tichy 1984, Freyschlag 2004), und dadurch der Regierung die Flanke gegenüber der jeweiligen Basis der Mitgliedsorganisationen und sonstigen, partnerschaftsexternen KritikerInnen und Oppositionellen frei hielt. Das galt etwa sowohl für die längerfristig expansive Budgetpolitik als auch für die Budgetkonsolidierung (mit Ausnahme eines der "Sparpakete").

3.2.3. Provokante Thesen zur Vergangenheit und Zukunft der Sozialpartnerschaft

Ein Musterbeispiel in wirtschaftspolitisch-konzeptioneller Konsensfindung war die sozialpartnerschaftliche Lohn- und Preispolitik. Sie beschränkte sich beileibe

---

[13] Positiv-theoretisch analysiert ist es natürlich eine Frage der Anreize, ob Sozialpartnerschaft ihre normativen Aufgaben sozial effizient erfüllt.

Die Sozialpartnerschaft in Österreich

nicht auf die Arbeit der Lohn- und der Preis-Unterkommission,[14] sondern war eher stillschweigend-faktischer Ausdruck impliziter Kontrakte über die primäre Einkommensverteilung, die Nicht-Ausnützung von Marktmacht in der Lohn- und Preisbildung und die Maxime der bestmöglichen Bewahrung der Beschäftigung der MitarbeiterInnen durch "ihre" Unternehmen. Letzteres erhielten die Unternehmen im Austausch gegen nahezu unbedingten Arbeitsfrieden, Identifikation der Belegschaft mit "ihren" Unternehmen und (gegen Ende der 1970er-Jahre) Aufgabe der Umverteilungspolitik auf dem Arbeitsmarkt.

Hier wird die These aufgestellt, dass diese impliziten Kontrakte, was Beschäftigungserhaltung und Preisbildung betrifft, merklich weniger erfüllt werden, als dies auf der Lohnbildungsseite noch der Fall ist. Sie stützt allein ein Blick auf die Entwicklung der bereinigten Lohnquote (Marterbauer /Walterskirchen 2003) und der Arbeitslosenquote nach 1982. Fundieren lässt sich diese These wird aber auch durch die neoliberale Kampagne zur Lohnsenkung (mittelbar durch Arbeitszeitverlängerung oder unmittelbar durch Reallohnverzicht), durch die propagierten Tugenden des Lean Management und der flexiblen (prekären) Arbeits(zeit)verhältnisse sowie durch das dominierende Prinzip des Shareholder Value statt des umfassenden Stakeholder Value.[15] Kurz und pointiert formuliert: Erfolgreich ist, wer Personal einspart, Stückkosten um jeden Preis senkt und den Aktienmarkt befriedigt. Dieser Einstellungswandel, wie immer und wie sehr er auch zustande gekommen sein mag, ist, so lautet die These, ein wesentlicher Qualitätsverlust der Sozialpartnerschaft.

Vielleicht kommt die große Stunde der Sozialpartnerschaft dann wieder, wenn im zweiten Jahrzehnt unseres Jahrhunderts einmal die Arbeitskräfteknappheit die Lohn-Preis-Spirale erheblich rascher drehen dürfte; schließlich soll sich die Sozialpartnerschaft in guten Zeiten der Beschäftigung (1960er-, frühe 1970er-Jahre) besonders bewährt haben. Ist sie also eher eine "Schönwetterinstitution"? Wie oben schon bei den methodischen Überlegungen aufgeworfen wurde, ist die Frage der Kausalität nicht vom Tisch zu wischen: Erzeugt eine gute Wirtschaftsentwicklung gute Institutionen, oder ist es umgekehrt (Acemoglu/Snowdon 2004)?

Eine Meisterleistung der österreichischen Sozialpartnerschaft war es, Inflationsbekämpfung nicht mit Mitteln der Geldpolitik betreiben zu müssen,

---

[14] Zu Verfahren und Arbeit der Paritätischen Kommission, insbesondere der Unterkommission für Löhne, vgl. Pollan (2002).

[15] Poole und Mansfield (1993) stellen am Beispiel Großbritanniens fest, dass sich die Einstllungen von ManagerInnen unter dem Einfluss der neoliberalen Jahrzehnts Thatchers (1990er-Jahre) in so mancher Hinsicht signifikant geändert hat, beispielsweise in Punkte Einfluss der Gewerkschaften auf die Lohn- und Preisbildung.

sondern eben durch stabilitätsorientierte Einkommenspolitik (koordinierte, moderate Lohn- und Preispolitik), außenwirtschaftlich flankiert durch die Hartwährungspolitik für den Schilling (Importverbilligung).[16] Die "Rationalisierungspeitsche" Hartwährungspolitik wurde sozialpartnerschaftlich "erkauft" durch die Zustimmung zum Fehlen von einigermaßen wirksamer KonsumentInnenschutz- und Wettbewerbspolitik. Allerdings waren die Zinssenkungsspielräume der OeNB auf Grund der Stabilisierung des nominellen DEM/ATS-Wechselkurses und insbesondere angesichts der monetaristischen Politik der Bundesbank - mittelbar auch des Federal Reserve System - eng begrenzt (Mooslechner/Szopo 1984). Dennoch, so ging die weitestgehend verhohlene Kritik am "Koren-Kurs", wären selbst diese engen Spielräume zu wenig ausgelotet und ausgenützt worden.

Immerhin mag es die expansive fiskalpolitische Flankierung der stabilitätsorientierten Einkommenspolitik gewesen sein, die, getragen vom oft stillschweigenden sozialpartnerschaftlichen Konsens, die kontraktiven Effekte der Hartwährungs- und Bundesbankpolitik auf Produktion, Einkommen und Beschäftigung in Grenzen hielt - zumindest in Krisen, wo den automatischen Stabilisatoren des Budgets nicht entgegengewirkte wurde (Mooslechner 1985). Das gilt heute unter der (immer noch, aber doch gemäßigt) restriktiven Geldpolitik der EZB[17] und dem trotz allem nicht unwirksamen Stabilitäts- und Wachstumspakt nicht mehr.[18]

Ein lange gehegter Vorwurf an die Sozialpartnerschaft besteht darin, sie blockiere oder verlangsame zumindest den Strukturwandel (Butschek 1995). Allerdings soll dieser Kritik entgegengehalten werden, dass Wachstum auch innerhalb traditioneller Strukturen möglich ist, dass vielmehr ein ständiger und zugleich überraschter Strukturwandel den Zeitbedarf für das Lernen von Organisationen (Unternehmen, Behörden) übersieht, die Organisationen überfordert und in ihrer Effizienz beeinträchtigt (Tichy 2000). Entschleunigung des Strukturwandels ist somit eine genauso wichtige Aufgabe der

---

[16] Für eine allgemeine theoretische Darstellung von Lohnpolitik in einer offenen Wirtschaft vgl. Pollan (1990).

[17] Wehinger (2000: 83) findet folgende empirische Evidenz: "While supply and demand factors have generally contributed to the inflation decline, monetary policy, enhanced competition, low energy prices and moderate wage setting are featuring most prominent in the recent disinflation process."

[18] Gern et al. (2003) zeigen allgemein und empirisch für Deutschland, dass nicht nur Strukturpolitik, sondern auch zurückhaltende Lohnpolitik das potenzielle Bruttoinlandsprodukt erhöht, doch dass zusätzliche Produktion und Beschäftigung nur dann langfristig tragfähig bleiben und nachhaltig werden, wenn zusätzliche Güternachfrage geschaffen wird (die Autoren beschränken sich hierbei auf expansive Geldpolitik seitens der EZB, doch kann Nachfrage genauso fiskalisch erzeugt und induziert werden).

Die Sozialpartnerschaft in Österreich

Sozialpartnerschaft wie die Überwindung des kategorischen Widerstands gegen jede Art von Strukturwandel. Gerade die Erfahrungen anderer Staaten, welche den Strukturwandel (Privatisierung, Liberalisierung, Virtualisierung und Tertiarisierung, insbesondere ICT-[19] und Gentechnik-Orientierung) schneller eingeleitet und bedingungsloser durchgemacht haben, sprechen in so manchen Belangen immer wieder für ein Vorgehen mit Bedacht und Augenmaß, wie man es sich von der Expertise der die Sozialpartnerschaft tragenden Organisationen erwarten kann und soll (Seidel 1993). Und wenn beklagt wird, Österreich liege in der Entwicklung der Dienstleistungen, Technologie und Forschung nicht im Spitzenfeld, so hat dies ursächlich unter anderem wohl auch mit der Budget(konsolidierungs)politik zu tun (Nowotny 1998).

3.2.4. Die europäische Dimension

Als Mitglied der EU stellen sich für die Sozialpartnerschaft - trotz des "institutionellen Schocks" der Übernahme von EU-Strukturen (Unger 1997) - auf der österreichischen und auf der europäischen Ebene nahe liegende und wichtige Aufgaben, wie etwa die folgenden.

Der (wenn auch relativ gemäßigt) restriktive Kurs der Europäischen Zentralbank ist zur Diskussion zu stellen. Aus der sozialpartnerschaftlichen Position (wir sind alle Stakeholders) ist dies legitim, aus der makroökonomischen Perspektive im Sinn einer größeren Ausgewogenheit der Standpunkte wertvoll. Selbst die bloße Initiierung einer Debatte über den ökonomischen Sinn der politischen Autonomie der EZB ist - unabhängig von seinem Ausgang - als ein opportuner und förderlicher Beitrag zur Qualität politischer Willensbildung zu sehen.

Große, sensible und wichtige Themen sozialpartnerschaftlich anzusprechen gilt weiter für den Bereich der Fiskalpolitik. Was in Wissenschaftskreisen eher die allgemeine Auffassung ist, dass nämlich ein ausgeglichener struktureller (konjunkturbereinigter) Budgetsaldo keinen Wert an sich besitze, es also eine Frage der volkswirtschaftlichen Kosten-Nutzen-Rechnung sei, wie von Fall zu Fall das Budget einnahmen- und ausgabenseitig strukturiert und sein Saldo dimensioniert werde (Gordon 1990), ist in der Politik (teils faktisch, teils rhetorisch) dem Schlagwort von "gesunden Staatsfinanzen" und im Zusammenhang damit dem "Sachzwang" des Budgetausgleichs über den Konjunkturzyklus gewichen. Sparpakete, die weder Selbstzweck noch implizites Umverteilungsinstrument sein sollen, bedürfen dringend der Überprüfung und der Rechtfertigung (Bartel 2000). Einsparen von Ressourcen, nur damit diese dann unbeschäftigt bleiben, ist wohlstandspolitisch unvertretbar. Jedenfalls ist das Auseinanderklaffen zwischen Theorie und Praxis gemäß unseren früheren

---

[19] ICT bedeutet Information and Communication Technology.

Bartel: Sozialpartnerschaft aus institutionenökonomischer Sicht

Überlegungen ein klarer Fall für eine Vermittlung durch den intermediären Bereich, für die Sozialpartnerschaft in der EU und ihren Mitgliedstaaten. Ähnliches gilt für die Lohnpolitik, insbesondere wenn man erfährt, es "(...) wird der Lohnpolitik eine besonders schwierige Rolle zukommen. Sie trägt die Hauptlast der makroökonomischen Anpassung. (...) Damit wird die Lohnpolitik zwangsläufig zur Standortpolitik. Sie muss sich der supranationalen Standortpolitik unterwerfen. (...) (Es) wird dies am ehesten durch dezentrale Tarifverhandlungen gewährleistet" (Saghy et al. 1999: 37).[20] Dazu seien einige Gedanken aufgeworfen: Erstens setzt eine Differenzierung der Lohnpolitik keine Tarifzentralisierung voraus. Zweitens würde durch Tarifzentralisierung eine strukturelle Verschiebung der Machtverhältnisse in der Lohnbildung erfolgen, welche einen Übergang von eher sozialpartnerschaftlicher zu eher marktmachtdiktatorischer Gestaltung der Tarifbeziehungen erwarten lässt. Drittens ist unter dem gegenwärtigen, zentralen Tarifregime die Reallohnentwicklung ohnedies deutlich hinter der Produktivitätsentwicklung zurückgeblieben (Marterbauer/Walterskirchen 2003), wie übrigens auch in anderen europäischen Staaten seit den 1980er- bzw. 1990er-Jahren (Pichelmann 2001). Viertens ist angesichts der Budgetkonsolidierungs- sowie Zins- und mithin Wechselkurspolitik die Problematik der zu schwachen beschäftigungswirksamen Güternachfrage virulent (Landmann 1976, Gern et al. 2003). Und fünftens stellt eine als Standortpolitik ausgelegte Lohn(senkungs)politik ein nationales "FreifahrerInnenverhalten" in Bezug auf eine stabile internationale Wirtschaftsentwicklung dar und wäre somit als Politikversagen zu klassifizieren (Marterbauer 1998). Ein Fall für die SozialpartnerInnen Österreichs und Europas.

Nämliches gilt für die Steuerpolitik. Bei internationaler Mobilität von Unternehmen und Finanzaktiva lösen unkoordinierte nationale Besteuerungen tendenziell eine Steuersenkungskonkurrenz aus, die ebenfalls als Politikversagen zu kennzeichnen ist (Buiter et al. 1993, Cohen/Loisel 2001). Die Folgen davon wären auch eine Reduktion der öffentlichen Leistungen und ein verschärfter Verteilungskampf der Interessengruppen auf der Einnahmen- und Ausgabenseite des Budgets - eine Konkurrenz um positive Budgetinzidenz (Nowotny 1996), in der wahrscheinlich die weniger gut organisierbaren, schwächeren Gruppeninteressen und vermutlich auch das soziale Interesse verlieren würden. Also ein Fall für die Sozialpartnerschaft.

In den USA wird selbst von liberalen und konservativen ÖkonomInnen das Phänomen zunehmender Verteilungsungleichheit als Besorgnis erregendes soziales (gesellschaftliches) Problem erkannt, das auf die Unternehmen

---

[20] Vgl. auch www.bmwa.gv.at/BMWA/Themen/Wirtschaftspolitik/Standortpolitik/default.htm

Die Sozialpartnerschaft in Österreich

zurückwirkt. Es geht ihnen also dabei nicht so sehr um die sozialen (im Sinn von karitativen), sondern um die längerfristigen ökonomischen Konsequenzen, zumal starkes Wachstum unmittelbar die Ungleichheit fördert, langfristig diese Ungleichheit aber das Wachstum im Hinblick auf seine Nachhaltigkeit gefährdet (Falkinger 1997, Zweimüller 2000). Gerade in reich gewordenen und wachstumsschwächer werdenden Wirtschaften wie Österreich ist die Frage des Zusammenhangs zwischen Verteilung, kaufkräftiger und beschäftigungswirksamer Nachfrage einerseits und langfristigem Wachstum andererseits zumindest aufzuwerfen und ernsthaft zu diskutieren. Debattenbeiträge im Parlament und ORF, die besagen, es wurde lange genug von oben nach unten verteilt, nun ist die Zeit gekommen, von unten nach oben zu verteilen, sind vielleicht positiv-theoretisch (politisch-ökonomisch) beispielhaft, wohl aber normativ-ökonomisch nicht zufrieden stellend. Ein Fall für die Sozialpartnerschaft, auch auf europäischer Ebene.

Wettbewerbspolitik hat in Österreich keine große Tradition, bedeutet aber nunmehr seit einem Jahrzehnt ein Leben unter dem Wettbewerbsrecht der EU. An der gemeinschaftlichen Wettbewerbspolitik ist die allzu starke Ausrichtung am traditionellen, einfachen neoklassischen Grundmodell der vollkommenen Konkurrenz zu kritisieren. Es beruht auf idealtypischen Voraussetzungen, welche die Wettbewerbspolitik auf den ersten Blick einfach machen, nach näherer Betrachtung aber die Unrealisierbarkeit des Idealtypus als Realtypus zeigen. Eine Wettbewerbspolitik, die es sich infolge dessen zu einfach macht, indes nicht bedenkt, dass ein bloßes Annähern an den unerreichbaren Idealzustand nicht unbedingt eine Zweitbestlösung sein muss (Rothschild 1982), muss im Hinblick auf ihre Effektivität und Zweckmäßigkeit ständig und situationsbezogen hinterfragt und überprüft werden, will sie nicht eine vielleicht Ressourcen verschwendende Alibihandlung bleiben. Liberalisierung und Flexibilisierung der Märkte und die damit verbundene Preisvariabilität sind keinesfalls vorab als überlegene Strategien zu betrachten, öffnen sie doch ein Machtvakuum, das durch neue Formen von Macht ausübenden Institutionen ausgefüllt werden (van Waarden 2001), und sind sie doch höchstens nur zwei Facetten eines äußerst komplex gewordenen Wirtschaftssystems und folglich einer als umfassende Industriepolitik zu verstehenden Wettbewerbspolitik (Berninghaus et al. 2002, Bartel 2004). Industriestrategische Überlegungen zum Aufbau europäischer Schlüsselindustrien (Core Industries; Appelbaum 1982) kommen noch zu kurz, wie der erst jüngst beigelegte Disput zwischen Deutschland und Frankreich (Alstom betreffend) beispielhaft und als Kontrast zur früheren bayerischen Industriepolitik und Airbus-Entwicklung zeigt. Als vor allem langfristig bedrohliches Versäumnis der strategischen Industriepolitik

(Crafts 2004 bringt hierfür das Beispiel der IC-Technologie) ist diese Politikagenda ein Fall für die EU-Sozialpartnerschaft. All die bislang hier angestellten Überlegungen betreffen sehr wohl auch die Lissabon-Strategie der EU. Diesbezüglich wäre öffentlichkeitswirksam darzustellen, dass sie eine Simulation der Wirtschaftsentwicklung über zehn Jahre darstellt, die auf äußerst günstigen Annahmen beruht, die dem Szenarium zu Grunde gelegt wurden. Angesichts der aufgestellten Hypothesen über eine teils einseitige, teils säumige Wirtschaftspolitik in Europa und europäische Wirtschaftspolitik wäre eine fundierte Debatte über das Wie der Lissabon-Zielerreichung als längst überfällig einzuschätzen. Das Beispiel der deutschen "Bündnisse für Beschäftigung" bietet Evidenz für das Sprichwort: de nihilo nihil.[21] Ein Wirtschaftswunder lässt sich, besonders in schwereren Krisen, nicht bloß herbeireden. So ist Lissabon ein weiterer Fall für die Sozialpartnerschaft EU-Europas.

3.2.5. Effektivität und/oder Zweckmäßigkeit der Sozialpartnerschaft

Allerdings steht einem effektiveren sozialpartnerschaftlichen Engagement entgegen, dass der Stellenwert, welcher der Sozialpartnerschaft in Österreich in den vergangenen paar Jahren faktisch zugewiesen wird, ein geringerer geworden (Unger 1997, Freyschlag 2004) und angesichts des sozialpartnerschaftlichen Aufgabenpotenzials sicherlich kein hinreichender ist (Kramer 2004), und dass das faktische Gewicht der Sozialpartnerschaft auf EU-Ebene traditionell allzu leicht ist. Partnerschaft funktioniert wohl dann am besten, wenn die faktische Repräsentation ihrer Mitglieder ausgewogen ist (Guger/Polt 1994, Unger 1997). Doch selbst angesichts der offenbar gewollten Zentralisierung wirtschaftspolitischer Macht im Europäischen Rat, in der EZB und in den nationalen Regierungen - eben ohne eine sehr effektive Einbeziehung der SozialpartnerInnen - erhebt sich auch die (bewusst provokante, aber ernst gemeinte) institutionenökonomische Frage, ob eine Sozialpartnerschaft überhaupt effektiv gestaltet werden soll, wenn sie ohnedies nur insofern die Transaktionskosten reduzierte, als sie als bloße Erfüllungsgehilfin zur Umsetzung einsamer Entscheidungen dient.[22] Wozu dient also Effektivität, wenn die Zweckmäßigkeit fraglich ist?

---

[21] Aus nichts wird nichts.
[22] Ähnliche, aber nicht gleiche Fragestellungen werden doch gewöhnlich im Zusammenhang mit den Kompetenzen des Rechnungshofs und den Erkenntnissen des Verfassungsgerichtshofs diskutiert.

4. Literatur

Abramovitz, Moses (1986), Catching Up, Forging Ahead, and Falling Behind, The Journal of Economic History (46), zit. nach Acemoglu/Snowdon (2004)
Acemoglu, Daron/Snowdon, Brian (2004), Explaining the "Great Divergence". Daron Acemoglu on how growth theorists rediscovered history and the importance of institutions. An interview with introduction by Brian Snowdon, in: World Economics (5), 2, 83-130
Adelman, Irma (1961), Theories of Economic Growth and Development, Stanford: Stanford University Press, zitiert nach Acemoglu/Snowdon (2004)
Aiginger, Karl (2001), Zukunftsstrategie für den Standort Österreich, Studie im Auftrag der Industriellenvereinigung, Wien: Eigenverlag
Appelbaum, Eileen (1982), Der Arbeitsmarkt, in: Alfred S. Eichner (Hg.), Über Keynes hinaus - Einführung in die post-keynesianische Ökonomie, Bund-Verlag: Köln, 115-133
Azariadis, Costas (1989), Implicit contracts, in: John Eatwell, Murray Milgate, Peter Newman (Hg.), The New Palgrave: allocation, information and markets, London - Basingstroke: Macmillan, 132-140
Baigent, Nick (1998), The Efficiency of Bargaining in the Austria Social Partnership, in: Lutz Beinsen, Heinz D. Kurz, (Hg.), Ökonomie und Common Sense. Festschrift für Gunther Tichy, Graz: Leykam, 23-31
Bartel, Rainer (1991), Wirtschaftspolitik in der Marktwirtschaft - Eine Rückbesinnung auf die Grundlagen aus aktuellen Anlässen, in: Wirtschaft und Gesellschaft (17), 2, 229-249
Bartel, Rainer (1993), Öffentliche Finanzkontrolle als politische Machtkontrolle: Eine ökonomische Fundierung, in: Politische Vierteljahresschrift (34), 4, 613-639
Bartel, Rainer (1994), Kontrolle und Beratung in der Wirtschaftspolitik, in: Wirtschaftspolitische Blätter (41), 4, 442-462
Bartel, Rainer (1995), Adäquate öffentliche Finanzkontrolle durch den Rechnungshof. Funktionen, Strategien, Entwicklungen, in: Das öffentliche Haushaltswesen in Österreich (36), 1-2, 78-96
Bartel, Rainer (2000), Volkswirtschaft und Staat als Firmen? In: Kurswechsel (16), 2, 91-99
Bartel, Rainer (2004), Grundlagen der Industriepolitik und strategisches Staatseigentum: indirekte, selektive Industriepolitik, Arbeitspapier, Juli
Berninghaus, Siegfried/Hagemann, Harald/Hauser, Richard/Söltwedel, Rüdiger/Voigt, Stefan/von Hagen, Jürgen/Wagner, Gert G./Wiegard, Wolfgang/Zimmermann, Klaus F. (2002), Frontiers in Economics: Summary

and Recommendations, in: Klaus F. Zimmermann (Hg.), Frontiers in Economics, Berlin - Heidelberg: Springer-Verlag, 421-461

Buiter, Willem/Corsetti, Giancarlo/Roubini, Nouriel (1993), Excessive deficits: sense and nonsense in the Treaty of Maastricht, in: Economic Policy (8), April, 58-90

Butschek, Felix (1995), Sozialpartnerschaft aus der Sicht der Neuen Institutionenökonomie, in: WIFO-Monatsberichte (68), 10, 644-654

Calmfors, Lars/Drifill, John (1988), Bargaining structure, corporatism and macroeconomic performance, in: Economic Policy (3), April, 14-61

Chanda, Areendam/Putterman, Louis (2004), The Quest for Development. What role does history pay, in: World Economics (5), 2, 1-31

Cherchye, Laurens/Moesen, Wim (2003), Institutional Infrastructure and Economic Performance: Levels versus Catching up and Frontier Shifts, in: Katholieke Universiteit Leuven, Center for Economic Studies, Discussion Paper Series, 03.14

Cheung, Stephen N.S. (1989), Economic organisation and transaction costs, in: John Eatwell, Murray Milgate, Peter Newman (Hg.), The New Palgrave: allocation, information and markets, London - Basingstroke: Macmillan, 77-82

Coase, Ronald H. (1937), The Nature of the Firm, in: Economica (4), zit. nach Butschek (1995).

Cohen, Daniel/Loisel, Olivier (2001), Why was the euro weak? Markets and policies, in: European Economic Review (45), 4-6, 988-994

Cooter, Robert D. (1989), The Coase Theorem, in: John Eatwell, Murray Milgate, Peter Newman (Hg.), The New Palgrave: allocation, information and markets, London - Basingstroke: Macmillan, 64-70

Crafts, Nicholas (2004), Fifty Years of Economic Growth in Western Europe. No longer catching up but falling behind? In: World Economics (5), 2, 131-145

Downs, Anthony (1957), An Economic Theory of Democracy, New York: Harper and Row

Falkinger, Josef (1997), Wachstum, Verteilung und Beschäftigung, Arbeitspapiere des Instituts für Volkswirtschaftslehre, 9712, Johannes Kepler Universität Linz

Farnleitner, Johann/Schmidt, Erich (1982), The Social Partnership, in: Arndt, Sven (Hg.), The Political Economy of Austria, Washinton - London: American Enterprise Institute fpr Public Policy Research, S. 87-97

Fehr, Ernst (1986), Entwicklung und Ursachen der Staatsverschuldung, in: Wirtschaft und Gesellschaft (12), 1, 87-105

Freyschlag, Fritz (2004), "Sozialpartnerschaft": ein Modell für schwierige gesellschaftliche Phasen, in: Renöckl, Helmut/Machula, Tomas, Zukunftsregion

Südböhmen - Mitteleuropa. Dimensionen menschenwürdiger Regionalentwicklung, Linz - Passau: Trauner-Verlag - Duschl-Verlag, S. 51-57
Galli, Emma/Padovano, Fabio (1999), Corporatist vs. Decentralized Governance and Economic Growth, in: Journal for Institutional Innovation, Development and Transition (3), 31-41
Geddes, Mike (2000), Tackling Social Exclusion in the European Union? The Limits to the New Orthodoxy of Local Partnership, in: International Journal of Urban and Regional Research (24), 4, 782-800
Gern, Klaus-Jürgen/Meier, Carsten-Patrick/Scheide, Joachim (2003), Macroeconomic Policy Coordination: What Is the Gain From a Combination of Wage Policy and Monetary Policy? In: Kiel Discussion Papers, 399, Feb
Guger, Alois/Polt, Wolfgang (1994), Corporatism and incomes policy in Austria: experiences and perspectives, in: Ronald Dore, Robert Boyer, Zoe Mars (Hg.), The return to incomes policy, London - New York: Pinter Publishers, 141-160
Hart, Oliver (1989), Incomplete Contracts, in: John Eatwell, Murray Milgate, Peter Newman (Hg.), The New Palgrave: allocation, information and markets, London - Basingstroke: Macmillan, 163-179
Hofer, Helmut/Weber, Andrea (2001), Wage Mobility in Austria. 1986-1996, in: IHS - Reihe Ökonomie, 108, www.ihs.ac.at/publications/eco/es-108.pdf, publiziert in: Labour Economics (9), 2002, 563-577
Holtham, Gerald/Kay, John (1994), The Assessment: Institutions of Policy, in: Oxford Review of Economic Policy (10), 3, 1-16
Kolm, Serge-Christophe (2000), The Logic of Good Social Relations, in: Annals of Public and Cooperative Economics (71), 2, 171-189
Kramer, Helmut (2004), Sozialpartnerschaft im 21. Jahrhundert, in: Wilfried Altzinger, Markus Marterbauer, Herbert Walther, Martin Zagler (Hg.), Öffentliche Wirtschaft, Geld- und Finanzpolitik: Herausforderungen für eine gesellschaftlich relevante Ökonomie, Reihe Wirtschaftswissenschaftliche Tagungen der AK Wien, Bd. 9, Wien: LexisNexis Verlag, 19-28
Laffont, Jean-Jacques (1989), Externalities, in: John Eatwell, Murray Milgate, Peter Newman (Hg.), The New Palgrave: allocation, information and markets, London - Basingstroke: Macmillan, 112-116
Marterbauer, Markus (1998), Wege zur Vollbeschäftigung. Nationalstaatliche Modelle und die europäische Dimension, in: WIFO-Vorträge, 79, Wien: Eigenverlag
Marterbauer, Markus/Walterskirchen, Ewald (2003), Bestimmungsgründe der Lohnquote und der realen Stückkosten, in: WIFO-Monatsberichte (76), 2, 151-159

Bartel: Sozialpartnerschaft aus institutionenökonomischer Sicht

Mayer, Thomas/Minford, Patrick (2004), Monetarism. A retrospective, in: World Economics (5), 2, 147-185
Mooslechner (1985), Das Zusammenwirken von Geld- und Einkommenspolitik am Fall Österreich. Einige Aspekte des Phasenmodells aus österreichischer Sicht, in: Hajo Riese (Hg.), Vermögensmarkt, Investitionen und Beschäftigung, Berlin: Eigenverlag des Instituts für Theorie der Wirtschaftspolitik, Freie Universität Berlin, 151-172
Mooslechner, Peter/Szopo, Peter (1984), Aspekte ausländischer und geldpolitischer Einflüsse auf das österreichische Zinsniveau, in: WIFO Working Papers, 7
Mueller, Dennis C. (1989), Public choice II. A revised version of Public choice, Cambridge: Cambridge University Press
North, Douglas C. (1991), Institutions, in: Journal of Economic Perspectives (5), zit. nach Butschek (1995)
North, Douglas C./Wallis, John J. (1987), Institutions, Transaction Costs and Economic Growth, in: Economic Enquiry (4), zit. nach Butschek (1995)
Nowotny, Ewald (1996), Der öffentliche Sektor. Einführung in die Finanzwissenschaft, 3. Aufl., Berlin etc.: Springer-Verlag
Nowotny, Ewald (1997), Grundlagen und Institutionen der Wirtschaftspolitik, in: Ewald Nowotny, Georg Winckler (Hg.), Grundzüge der Wirtschaftspolitik Österreichs, Wien: Manz-Verlag, 11-48
Nowotny, Ewald (1998), Privatisation, Deregulation, Reregulation - Experiences and Policy Isssues in Austria, in: Journal of Institutional Innovation, Development, and Transition (2), 35-48
Palfrey, Thomas R./Prisbrey, Jeffrey E. (1997), Anomalous Behavior in Public Goods Experiments: How Much and Why? In: The American Economic Review (87), 5, 829-846
Pichelmann, Karl (2001), Monitoring Wage Developments in EMU, in: Empirica (28), 4, 353-373
Pollan, Wolfgang (1990), Wage Norms in an Open Economy, in: Empirica (17), 2, 187-199
Pollan, Wolfgang (2000), Aspekte der Lohnbildung in Österreich. Lohnunterschiede und die Zentralisierung der Lohnverhandlungen, WIFO-Monographien, 7
Pollan, Wolfgang (2002), The Procedures of the Parity Commision and of Its Sub-Committee on Wages, WIFO Working Papers, 184
Poole, Michael/Mansfield, Roger (1993), Patterns of Continuity and Change in Managerial Attitudes and Behaviour in Industrial Relations, 1980-1990, in: British Journal of Industrial Relations (31), 1, 11-35

Raferzeder, Thomas (2004), Lohnmobilität in Oberösterreich, in: WISO (27), 1, 183-199
Rothschild, Kurt W. (1980), Kritik marktwirtschaftlicher Ordnungen als Realtypus, in: Christian Watrin, Erich Streißler (Hg.), Zur Theorie marktwirtschaftlicher Ordnung, Tübingen: Mohr (Siebeck), 13-37
Rothschild, Kurt W. (1982), Einführung in die Ungleichgewichtstheorie, Berlin etc.: Springer-Verlag
Saghy, Hannes M./Fürstaller, Katharina/Fuchs, Franz (1999), Die neue Bedeutung der Einkommenspolitik als nationales Politikfeld im Rahmen der Europäischen Wirtschafts- und Währungsunion, in: Bundesministerium für Finanzen - Working Papers, 5
Sandmo, Agnar (1989), Public goods: in: John Eatwell, Murray Milgate, Peter Newman (Hg.), The New Palgrave: allocation, information and markets, London - Basingstroke: Macmillan, 254-266
Schneider, Friedrich/Wagner, Alexander F. (2001), Institutions of Conflict Management and Economic Growth in the European Union, in: Kyklos (54), 2, 509-532
Seidel, Hans (1993), Der Beirat für Wirtschafts- und Sozialfragen, in: WIFO-Monatsberichte (66), 10, 512-515
Stiglitz, Joseph E. (1989), Principal and agent, in: John Eatwell, Murray Milgate, Peter Newman (Hg.), The New Palgrave: allocation, information and markets, London - Basingstroke: Macmillan, 241-253
Tichy, Gunther (1984), Strategy and Implementation of Employment Policy in Austria, in: Kyklos (37), 3, 363-386
Tichy, Gunther (2000), The Innovation Potential and Thematic Leadership of Austrian Industries: An Interpretation of the Technology Delphi with Regard to the Old Structures/High-performance Paradox, in: Empirica (27), 4, 411-436
Unger, Brigitte (1997), Social Partnership Challenged, in: Journal for Institutional Innovation, Development and Transition (1), www.sigov.si/zmar/apublic/jiidt/ iib0197.html#8
Vanberg, Viktor (2001), Cooperation, Clubs and Exit, in: Journal of Public Choice and Institutional Economics (1), 1, 3-19
van Gunsteren, Hermann R. (1976), The Quest for Control. A critique of the rational-central-rule approach in public affairs, London u.a.: John Wiley & Sons
van Waarden, Frans (2001), A Hydraulics of Communicating Vessels. Deregulation and Shifts in Economic Coordinating Mechanisms, Vortrag an der Oesterreichischen Nationalbank. 12. Jänner
von Weizsäcker, Carl C. (1982), Staatliche Regulierung - positive und normative Theorie, in: Schweizerische Zeitschrift für Volkswirtschaft und Statistik (118), 3, 325-343

Walther, Herbert (1984), Einige mikro- und makroökonomische Aspekte der Preisregelung durch die Paritätische Kommission, in: Hanns Abele, Ewald Nowotny, Stefan Schleicher, Georg Winckler (Hg.), Handbuch der österreichischen Wirtschaftspolitik, 2. Aufl., 399-411

Wehinger, Gert D. (2000), Causes of Inflation in Europe, the United States and Japan: Some Lessons for Maintaining Price Stability in the EMU from a Structural VAR Approach, in: Empirica (27), 1, 83-107

Wintrobe, Ronald (2001), Economics of Group Relations, in: Journal for Institutional Innovation, Development and Transition (5), 1, 4-20

Zweimüller, Josef (2000), Inequality, Redistribution, and Economic Growth, in: Empirica (17), 1, 1-20

Manager des Wandels – Die Zukunft der Sozialpartnerschaft
Präsident Dr. Christoph Leitl
Wirtschaftskammer Österreich

MANAGER DES WANDELS - DIE ZUKUNFT DER ÖSTERREICHISCHEN SOZIALPARTNERSCHAFT
von Dr. Christoph Leitl
Präsident des Wirtschaftskammer Österreichs

Sozialpartnerschaft in Österreich

Der wirtschaftliche und soziale Erfolg Österreichs ist unzweifelhaft mit dem österreichischen Weg der Sozialpartnerschaft verbunden. Österreich gehört innerhalb der EU zu den wirtschaftlich erfolgreichsten und sozial stabilsten Ländern. Gesellschaftliche, wirtschaftliche und soziale Herausforderungen im Dialog zu lösen ist immer das entscheidende Markenzeichen der Sozialpartnerschaft in der 2. Republik gewesen. Die Erfahrungen aus den Konfrontationen, vor allem in den Zwischenkriegszeiten, haben zu der Erkenntnis geführt, dass mittel- und langfristig die Kooperation zwischen Arbeitgeber- Arbeitnehmerverbänden und der Regierung zu besseren und stabileren politischen Lösungen führt.

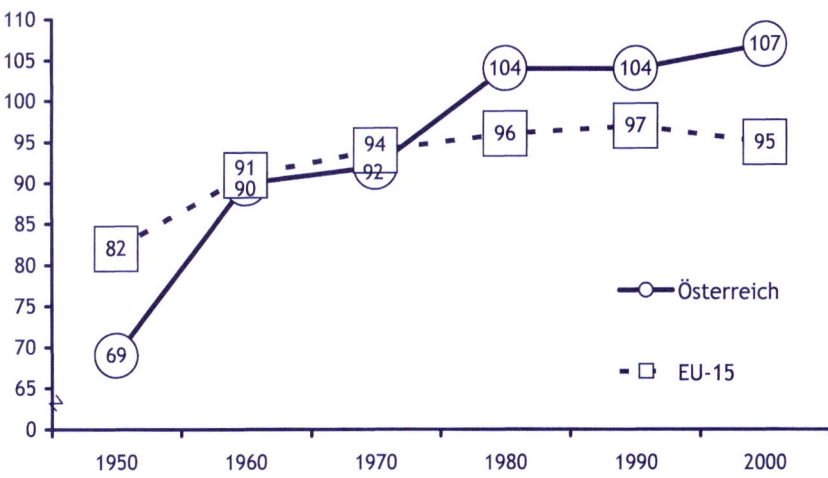

Wirtschaftsleistung 1950 bis 2000
(reales BIP pro Person gemessen an Kaufkraftparitäten, OECD=100)

Leitl: Manager des Wandels – Die Zukunft der Sozialpartnerschaft

Damit das Modell der Kooperation langfristig funktioniert, müssen einige Voraussetzungen gegeben sein. Eine der Wichtigsten ist ein System umfassender repräsentativer Verbände mit einer gesetzlichen Mitgliedschaft und überzeugender demokratischer Legitimation, die finanziell unabhängig vom Staat agieren können. Eine weitere wesentliche Voraussetzung ist ein klares Bekenntnis der Sozialpartnerverbände zu gemeinsamen wirtschafts-, sozial- und umweltpolitischen Zielen und der damit verbundenen aktiven Gestaltung der Zukunft.

Subsidiarität und Selbstverwaltung
Fundament der österreichischen Sozialpartnerschaft

In Österreich ist das Prinzip der Subsidiarität im politischen System stark verankert. Die Gesellschaft besteht nicht nur aus natürlichen und juristischen Personen, sondern auch aus Gruppen mit gleichen Interessen. Österreich kennt daher neben dem Prinzip der territorialen Selbstverwaltung auch die Prinzipien der beruflichen, wirtschaftlichen und sozialen Selbstverwaltung durch Kammern und Sozialversicherungen.

Das System der Kammern ist die Grundlage für das System der österreichischen Sozialpartnerschaft. Österreich hat innerhalb der EU das umfassendste System der beruflichen und wirtschaftlichen Selbstverwaltung durch Kammern. Für fast jede Berufsgruppe gibt es kraft Gesetz eine Kammer. Damit verfügen alle Interessengruppen mit Erwerbstätigkeit über eine institutionelle Interessenvertretung, auch die zahlenmäßig schwachen.

Damit diese Gruppen ihre Interessen unabhängig vom Staat und anderen Verbänden vertreten können, wurden die Selbstverwaltungen als Körperschaften öffentlichen Rechts mit Pflichtmitgliedschaft eingerichtet und durch nach der Leistungsfähigkeit der Mitglieder gestaffelte Pflichtmitgliedsbeiträge finanziert. Dadurch ist gewährleistet, dass alle Interessengruppen über eine repräsentative Vertretung verfügen und die Regierung eine überschaubare Anzahl von Gesprächspartner für den politischen Prozess hat. Die Kammern sind trotz gesetzlicher Basis unabhängig, da der Staat lediglich darauf achtet, dass sie nicht gegen die Gesetze verstoßen.

Die demokratische Legitimation der Kammern wird dadurch gewährleistet, dass in den Kammern in regelmäßigen Abständen Wahlen abgehalten werden. Dabei orientiert sich das Wahlsystem am allgemeinen demokratischen Wahlsystem Österreichs. Wahlen an der Mitgliederbasis bestimmen direkt und indirekt die

Die Sozialpartnerschaft in Österreich

Zusammensetzung der Leitungsgremien sowie die Bestellung der Spitzenfunktionäre. Dadurch haben die Mitglieder die Möglichkeit der Mitbestimmung und Kontrolle. Unzufriedenheit mit den Kammern drückt sich daher nicht in einem Austritt aus der Kammer aus, sondern durch eine Veränderung des politischen Willens.

Die Aufgaben der Interessenvertretungen

Die Kammern in Österreich und damit auch die Spitzenverbände der Sozialpartnerschaft haben das Gemeinwohl aller Mitglieder zu verfolgen. Partikularinteressen, die mit den Interessen anderer Mitglieder in Konflikt stehen, werden dem Interessenausgleich innerhalb eines Selbstverwaltungskörpers unterworfen.

Damit übernehmen die Kammern den Interessenausgleich für die Regierung innerhalb der durch sie vertretenen Mitglieder und sorgen damit für einen strukturierten Dialog mit der Regierung. Würden die Kammern diesen Interessenausgleich nicht durchführen, wäre er Staatsaufgabe - d.h. mehr Staat und weniger Freiheit. Die Pflichtmitgliedschaft schränkt somit die individuelle Freiheit nicht ein, sondern gewährleistet zusätzliche Handlungsspielräume gegenüber dem Staat.

Durch den internen Interessenausgleich können gesetzliche Interessenvertretungen ihre Politik an gesamtwirtschaftlichen, mittel- und langfristigen Zielen orientieren. Sie können somit ihre Politik freiwillig mit der staatlichen Wirtschafts- und Sozialpolitik abstimmen und Verantwortung in Bereichen übernehmen, die über den ureigensten Wirkungsbereich hinausgehen.

Die gemeinsame Teilnahme an der vom Staat geführten Verwaltung ist für den Dialog und das Funktionieren der österreichischen Sozialpartnerschaft bedeutend. Die vielfältigen Aufgaben des Staates, insbesondere im Bereich der Wirtschafts- und Sozialpolitik, bedürfen des Mitwirkens von sachverständigen Beratern. Diesen Beratungskollegien gehören zu einem erheblichen Maß Fachleute an, die nicht Mitarbeiter der Ministerien sind. Es ist ein Spezifikum Österreichs, welches sich durch die starken Einheitsverbände erklären lässt, dass diese Fachleute zu einem großen Teil von den gesetzlichen Interessenvertretern nominiert werden.

Hier sind die Sozialpartner durch die Entsendung von Experten in Kommissionen und Beiräte direkt vertreten. Durch diese Einbindung ist auch gewährleistet, dass es in vielen Politikbereichen zu einem gemeinsamen Verständnis der Herausforderungen kommt, die eine Bereitschaft zur sachlichen Diskussion, Konsens und Kompromiss ermöglichen. Dies führt zu politischen Lösungen mit einem breiten Konsens in der Bevölkerung.

Das Wesen der Sozialpartnerschaft

Die Wirtschafts- und Sozialpartnerschaft, kurz "Sozialpartnerschaft" ist ein System der wirtschafts- und sozialpolitischen Zusammenarbeit zwischen den Interessenverbänden der Arbeitgeber, Arbeitnehmer und der Regierung. Diese Art der Kooperation ist in Österreich zwischen den Sozialpartnern auf dem Grundsatz der Freiwilligkeit und einer informellen Art des Zusammenwirkens aufgebaut – das heißt sie ist nicht institutionalisiert. Die österreichische Sozialpartnerschaft besteht dabei nicht unabhängig vom Staat, wie oft vermutet wird. Das österreichische System der Selbstverwaltung besteht auf einer einfachen gesetzlichen Grundlage. Das Parlament kann jederzeit mit gesetzlichen Regeln die berufliche Selbstverwaltung so verändern, dass die starken sozialpartnerschaftlichen Beziehungen davon betroffen sind.

Der Prozess der Konfliktlösung im Verhandlungswege war und ist in Österreich gegenüber anderen europäischen Ländern deshalb relativ leicht, weil die Zahl der Verhandlungsträger aufgrund des Prinzips der Einheitsverbände klein, die Kontinuität der Verbände hoch und der Interessenauftrag umfassend ist.

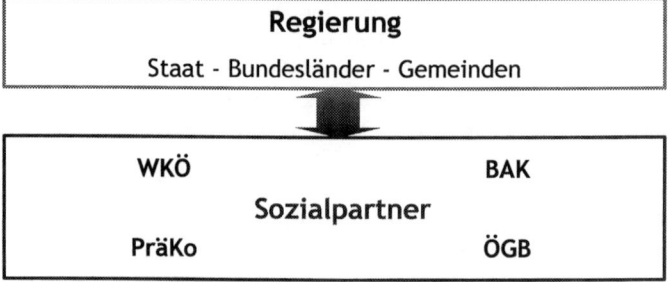

Die Sozialpartnerschaft in Österreich

Die vier großen Sozialpartner-Verbände repräsentieren aufgrund ihrer Organisationsstruktur umfassend ihren Bereich und sind in der Lage, sozialpartnerschaftliche Vereinbarungen im eigenen Bereich umzusetzen. Der Versuch einer sozialpartnerschaftlichen Politik, der Abstimmung der Interessen und des Findens eines Kompromisses ist nur dann sinnvoll, wenn sich die Sozialpartner über gemeinsame Ziele einig sind. Der Grundgedanke dieses Systems ist, dass die grundlegenden Ziele der Politik, d.h. die Attraktivität des Wirtschaftsstandortes, Steigerung der dynamischen Wettbewerbsfähigkeit und Innovation, Verbesserung der Produktivität, Vollbeschäftigung, positive Entwicklung der Realeinkommen, Wohlstand und soziale Sicherheit, außenwirtschaftliches Gleichgewicht, Preisstabilität und Umweltschutz besser durch ein koordiniertes Vorgehen der großen gesellschaftlichen Gruppen erreicht werden können, als durch die Austragung von Konflikten, z.B. Arbeitskämpfen, die unvermeidlich mit gesamtwirtschaftlichen Verlusten verbunden sind. Sozialpartnerschaft ist daher der Gegensatz zum Klassenkampf.

Sozialpartnerschaft und Arbeitsmarkt – eine positive Symbiose
(Durchschnittliche Streikdauer 1990-2000[23], Wirtschaftswachstum und Arbeitslosenrate 1991-2000[24])

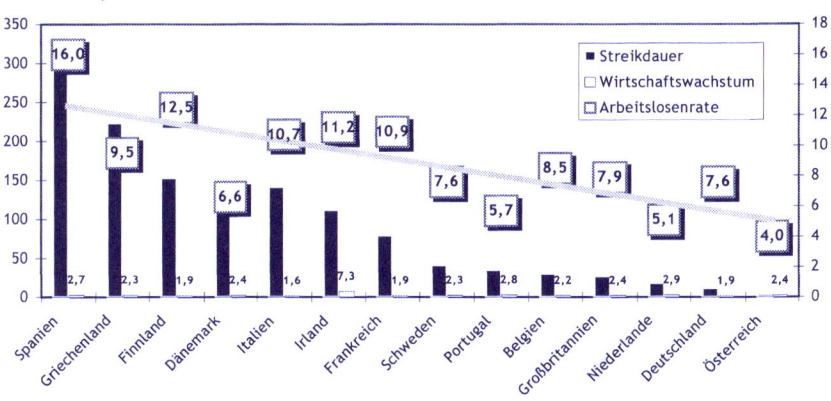

---

[23] Jahresdurchschnitt durch Arbeitskämpfe verlorene Arbeitstage je 1.000 Beschäftigte; Quelle: Institut der deutschen Wirtschaft Köln, iw-trends 2/2002, und WKÖ Statistik.
[24] Jährliche Veränderung im BIP (Durchschnittswerte für den angegebenen Zeitraum); Quelle: Herbstprognosen der Europäischen Kommission, 2003, und eigene Berechnungen.

Leitl: Manager des Wandels – Die Zukunft der Sozialpartnerschaft

Es soll jedoch hier nicht der Eindruck entstehen, dass es keine Auseinandersetzung zwischen den Sozialpartnern gibt. Dialog und kollektives Vorgehen bedeutet nicht das Abstreiten von Interessengegensätzen. Vielmehr ist es eine besondere Form des Miteinanders, bei der zwischen den gegensätzlichen Interessen durch die Bereitschaft zum Kompromiss ein Ausgleich zum Vorteil aller Beteiligten gefunden werden kann. Nur dann, wenn eine Übereinstimmung auf der Grundlage gemeinsamer Interessen gefunden werden kann, kann ein gemeinsames Vorgehen der Sozialpartner zu einem Ergebnis führen. Sozialpartnerschaft kann daher immer nur ergänzend zur Interessenvertretung der einzelnen Verbände wirken.

Der Hauptwert der Sozialpartnerschaft liegt darin, sachlich schwierige Fragen der Wirtschafts- und Sozialpolitik abzuklären, übereinstimmende Auffassungen zu finden und allenfalls Kompromisslösungen zu erreichen. Gelingt dies, wird dem Staat wertvolle Hilfe geboten und die gesamtwirtschaftliche Stabilität abgesichert.

Besondere Bedeutung kommt der Sozialpartnerschaft aber auch dadurch zu, dass durch die Mitwirkung der Sozialpartner in den beratenden Gremien die gemeinsame Verantwortung der verschiedenen für das Wirtschaftsleben bedeutsamen Gruppen mobilisiert wird. Diese Form des Miteinanders hilft Unsicherheiten zu vermeiden und trägt zu einer Stabilisierung der wirtschaftlichen und sozialen Rahmenbedingungen bei.

Dies führt zu einem hohen Ausmaß an sozialem Frieden und wirkt damit positiv auf den Wirtschaftsstandort Österreich. Dies ist eine herausragende Leistung, auf die in Zukunft nicht verzichtet werden sollte.

Als Beispiel sei hier zu erwähnen, dass in Österreich die Streikzeit in Sekunden je Beschäftigten und Jahr gemessen wird und diese Stabilität zu einem der wichtigsten Standortfaktoren geworden ist - vor allem in einer globalen, vernetzen Welt, in der Zuverlässigkeit eine entscheidende Rolle spielt.

Die Sozialpartnerschaft in Österreich

Verlorene Arbeitstage wegen Streiks
(durchschnittl. Zahl der Streiktage pro Jahr pro 1000 Arbeitnehmern, 1971-2000[25])

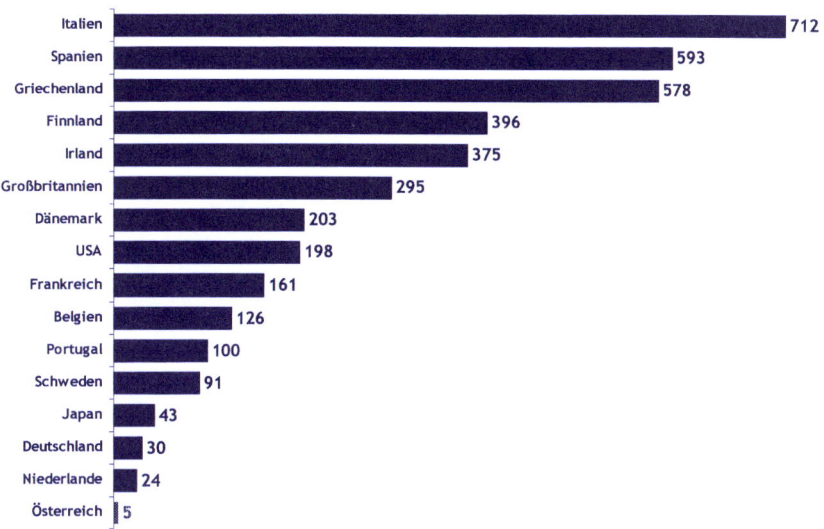

Ein weiteres Beispiel ist die Orientierung der KV-Abschlüsse an der Produktivitätsentwicklung. Über die produktivitätsorientierte Lohnpolitik tragen die Sozialpartner maßgeblich zur Aufrechterhaltung der Wettbewerbsfähigkeit bei gleichzeitiger positiver Entwicklung des Realeinkommens und Beschäftigung bei.

Die starke Stellung der Sozialpartner in Österreich ist auch immer wieder Anlass zur Kritik gewesen, dass sie einerseits zu viel Macht im Staat in Anspruch nehme, andererseits aber auch immer wieder gerügt wird, dass die Sozialpartnerschaft in schwierigen Situationen nicht immer mit praktikablen Verhandlungsergebnissen sofort zur Stelle sei. Beide Vorwürfe sind nicht haltbar. Die österreichischen Sozialpartner waren sich immer ihrer Rolle im Staat bewusst. Sie können und wollen nicht die Regierung und das Parlament ersetzen. In politisch schwierigen Zeiten hat sich immer wieder gezeigt, dass die

---

[25] Jahresdurchschnitt durch Arbeitskämpfe verlorene Arbeitstage je 1.000 Beschäftigte; Quelle: Institut der deutschen Wirtschaft Köln, iw-trends 2/2002, und WKÖ Statistik.

Leitl: Manager des Wandels – Die Zukunft der Sozialpartnerschaft

von den Sozialpartnern ausgehandelten Kompromisse tragfähig waren. Da die Sozialpartner um sachgerechten Konsens bemüht sind, vor allem wenn sie als "Feuerwehr" von Seiten der Regierung gerufen werden, kann eine ad hoc-Problemlösung nicht immer ermöglicht werden.

Die Wirtschaftskammer Österreich bekennt sich allerdings auch zu einer laufenden Überprüfung der Sozialpartnerschaft hinsichtlich ihrer Funktionsweise. Neue Herausforderungen müssen aufgegriffen werden – vor allem in den Bereichen Umwelt, Bildung, Arbeitsbeziehungen und sozialstaatliche Einrichtungen. Aus dieser Sicht wird die zukünftige Bedeutung der Sozialpartnerschaft auch davon abhängig sein, wie weit die Sozialpartner in diesen Bereichen zu flexiblen und innovativen Lösungen bereit sind, welche die Wettbewerbsfähigkeit nicht behindern. Neue gesellschaftliche Strukturen müssen durch den Dialog mit außerhalb der Sozialpartnerschaft stehenden Gruppen berücksichtigt werden.

Institutionen der Sozialpartnerschaft

Aufgrund der Internationalisierung und geänderten politischen Lage Österreichs seit 1992 sind die unten beschriebenen Institutionen, mit Ausnahme des Beirates für Wirtschafts- und Sozialfragen und des Unterausschusses für internationale Fragen, inaktiv bzw. durch andere Formen der Zusammenarbeit ersetzt worden.

Die Institutionen der Sozialpartnerschaft basieren auf einer freiwilligen Vereinbarung zwischen den Sozialpartnern und der Regierung. Sie bestehen nicht aufgrund einer gesetzlichen Grundlage. Die wichtigste Einrichtung der Sozialpartnerschaft ist die Paritätische Kommission.

Die 1957 freiwillig gegründete paritätische Kommission war die entscheidende Gesprächsebene zwischen der Regierung und den Spitzen der Sozialpartnerschaft. Da die Grundlage für die Paritätische Kommission eine freiwillige Vereinbarung ist, ist auch die Teilnahme an der Kommission formal gesehen freiwillig. In der Paritätischen Kommission sind vier Unterausschüsse eingerichtet:

Beirat für Wirtschafts- und Sozialfragen

Der Beirat setzt sich aus Experten der Sozialpartnerverbände zusammen. Er erarbeitet Studien und Gutachten zu wirtschafts- und sozialpolitischen Fragen,

Die Sozialpartnerschaft in Österreich

welche Empfehlungen an die Bundesregierung enthalten. Bei den Studienarbeiten werden neben den Experten der Sozialpartnerverbände auch Experten aus Ministerien, Universitäten und (Wirtschafts-) Forschung zugezogen. Die Bedeutung der Gutachten liegt darin, dass Expertenwissen in einem politiknahen Gremium genutzt wird, um gemeinsame Grundlagen zu erarbeiten und Daten und Fakten außer Streit zu stellen, die zur Versachlichung wirtschaftspolitischer Debatten beitragen und den Ausgangspunkt für von allen Sozialpartnern getragene Maßnahmen bilden.

Unterausschuss für internationale Fragen

Der aus Experten der Sozialpartnerverbände bestehende Ausschuss dient zur gemeinsamen Evaluierung internationaler Prozesse (z.B. im Rahmen der Europäischen Integration oder der WTO), um die Teilnahme an Beratungen und Entscheidungen in internationalen Institutionen und Interessenverbänden zu erleichtern und zu koordinieren.

Lohnunterausschuss

Die Hauptaufgabe ist die zeitliche Koordinierung der jährlich abzuschließenden Kollektivverträge. Alle Verhandlungen müssen vom Lohnunterausschuss freigegeben und nach Abschluss der Verhandlungen wiederum zur Kenntnisnahme vorgelegt werden. Es gibt keinen unmittelbaren Einfluss des Ausschusses auf die Lohnpolitik. Die Kollektivverträge werden nicht von den Mitgliedern des Unterausschusses verhandelt, sondern von den Fachgewerkschaften bzw. den Arbeitgeberverbänden auf Branchenebene.

Wettbewerbs- und Preisunterausschuss

Dieser Unterausschuss ist ein Instrument der Wettbewerbsüberwachung. Auf Verlangen werden Informationen von bestimmten Unternehmen eingefordert bzw. die Wettbewerbslage und -entwicklung in einzelnen Branchen analysiert um die Preisentwicklung zu kommentieren. Mit der zunehmenden Internationalisierung Österreichs wurde jedoch die Preiskontrolle immer weniger relevant. Seit 1994 werden keine Preise mehr durch die Kommission festgelegt. An die Stelle der Preiskontrolle ist die Wettbewerbspolitik getreten.

Der wichtigste Unterausschuss der Paritätischen Kommission ist der 1963 eingesetzte Beirat für Wirtschafts- und Sozialfragen. Seit seinem Bestehen hat der Beirat über 75 Gutachten erstellt, in denen die verschiedensten Fragen der Wirtschaftspolitik analysiert werden.

Leitl: Manager des Wandels – Die Zukunft der Sozialpartnerschaft

Der Beirat ist heute die nach außen bedeutendste Institution der Sozialpartnerschaft.

Obwohl die Paritätische Kommission nach wie vor existiert, werden seit geraumer Zeit keine Sitzungen mehr abgehalten, können aber jederzeit wieder einberufen werden. Die Paritätische Kommission ist in der Praxis zunehmend durch informelle Kontakte und Gespräche der Spitzenfunktionäre und der Bundesregierung und den Reformdialog der Bundesregierung ersetzt worden.

Sozialpartnerschaft und Europäische Union

Die österreichischen Sozialpartner haben sich seit dem Weißbuch über das Binnenmarktprogramm (1985) einzeln und gemeinsam mit der Frage eines österreichischen EU-Beitritts beschäftigt. Im März 1989 wurde eine gemeinsame Sozialpartnerstellungnahme beschlossen, welche den EU-Beitritt als künftige Integrationsstrategie Österreichs empfahl.

In der Folge waren die Sozialpartner voll in die nach dem Beitrittsansuchen beginnenden Beitrittsverhandlungen mit der EU eingebunden.

Den österreichischen Sozialpartnern war bewusst, dass mit dem Beitritt zur EU ihre nationale Stellung geschwächt würde, haben aber das Gemeinwohl über die Interessen der Verbände gestellt. Gleichzeitig wurden der soziale Dialog bzw. die in Entstehung befindlichen Sozialpartnerstrukturen auf EU-Ebene immer bedeutender für die europäische Politikgestaltung. Die EU stellt daher heute eine weitere, wichtige Aktionsebene für die österreichischen Sozialpartner dar.

Nachdem bereits die Gründungsverträge der Europäischen Gemeinschaften Mechanismen vorsahen, um die Zivilgesellschaft in die Rechtsfindung einzubinden, wurde der europäische soziale Dialog 1985 etabliert. Es wird dabei zwischen horizontalem, also alle Sektoren der Wirtschaft betreffenden, und sektoralem (nur für einzelne Sparten) sozialen Dialog unterschieden.

Im sozialen Dialog werden ca.55 Sozialpartner (zuletzt aufgezählt in der Mitteilung der Europäischen Kommission über den sozialen Dialog im Juni 2001) gemäß Art. 138 EGV angehört (erste Stufe des sozialen Dialogs).

In einer zweiten Stufe wird von der Kommission ein Papier mit dem ungefähren Inhalt des Gesetzesvorhabens präsentiert, zu dem dann die Sozialpartner entweder wieder Stellung nehmen können, oder beschließen, selbst

Die Sozialpartnerschaft in Österreich

Verhandlungen aufzunehmen. Bisher wurden diese Verhandlungen immer horizontal geführt (nur von EGB, CEEP und UNICE /UEAPME).

Daneben nehmen am sektoralen sozialen Dialog jene Arbeitgeber- und Arbeitnehmerverbände teil, die jeweils ihre Sektoren abdecken. Ziel dieses Dialoges war es, auf EU-Ebene zu Vereinbarungen zu kommen, die in der Folge auch in den einzelnen Mitgliedstaaten sozialpartnerschaftlich diskutiert werden und dann zu neuen Initiativen führen sollen. Jedoch gelang es erst mit den Verhandlungen zum Vertrag von Maastricht, ein Modell für die Beteiligung von maßgeblichen Arbeitnehmer- und Arbeitgeberverbänden zu etablieren.

Auch der vom Konvent verabschiedete Verfassungsentwurf anerkennt die Bedeutung des autonomen sozialen Dialogs in einer eigenen Bestimmung. Die Bedeutung der Sozialpartner auf europäischer Ebene wird auch auf einer anderen Ebene sichtbar. Seit dem Jahr 2003 wurde der sogenannte "Dreigliedrige Sozialgipfel" vor dem im Frühjahr stattfindenden EU-Gipfel eingerichtet. Er bietet den Sozialpartnern auf europäischer Ebene eine Mitsprachemöglichkeit hinsichtlich des sogenannten Lissabon-Prozesses. In diesem dreigliedrigen Sozialgipfel war auch der europäische Dachverband der Kammern (EUROCHAMBRES) im Frühjahr 2004 vertreten.

Klar vom sozialen Dialog zu unterscheiden ist der sogenannte zivile Dialog: Letzterer ist ein Begutachtungsverfahren, in dem die Bürger und die repräsentativen Verbände gehört werden. Es geht im zivilen Dialog nicht darum Vereinbarungen auszuhandeln, sondern es geht darum, die Wünsche und Bedürfnisse einzelner Gruppen gegenüber den europäischen Institutionen zu formulieren und diesen ihre Anliegen näher zu bringen.

In diesem Zusammenhang hat der Europäische Wirtschafts- und Sozialausschuss (EWSA) eine besondere Rolle: er ist die Plattform der organisierten Zivilgesellschaft und umfasst nicht nur Vertreter der Arbeitgeber- und Arbeitnehmerorganisationen sondern auch sonstige Vertreter der organisierten Zivilgesellschaft, wie z.B. Landwirte, freie Berufe, Verbraucher und Behindertenorganisationen. Er kann sicherstellen, dass nicht nur Partikularinteressen, sondern gemeinsame Anliegen aller drei Gruppen in den Beratungsprozess einfließen. Wenn es im EU-Vertrag oder in sonstigen EU-Rechtsakten vorgesehen ist, muss eine Stellungnahme vom WSA eingeholt werden. Er kann aber auch aus eigener Initiative Stellungnahmen abgeben. Der WSA hat vor allem auch Bedeutung darin, dass er das Bindeglied zwischen

Leitl: Manager des Wandels – Die Zukunft der Sozialpartnerschaft

europäischer Politik und den Mitgliedern der in ihm vertretenen Organisationen darstellt.

Der EWSA hat mit Eurochambres ein Kooperationsabkommen abgeschlossen, um der Strategie von Lissabon durch die Bündelung der wirtschaftlichen und gesellschaftlichen Energien zum Erfolg zu verhelfen. Dabei geht es vor allem um eine sehr enge Zusammenarbeit und Poolung der Ressourcen zur Erreichung der Zielsetzungen, um die gemeinsame Definition von geeigneten Maßnahmen in den Bereichen Wirtschafts- und Gesellschaftspolitik, um Vorschläge zur bestmöglichen Umsetzung der europäischen Maßnahmen auf nationaler und regionaler Ebene und um die gemeinsame Definition von Projekten, die die Wettbewerbsfähigkeit der Unternehmen sichern und angesichts des globalen Wettbewerbs auch Arbeitsplätze sichern. Diese gemeinsame Aktivität ist bereits Ausfluss der Eigenschaft der Sozialpartner als

„Manager des Wandels"

Diese Aufgabe wurde den Sozialpartnern auf dem EU-Gipfel in Barcelona im Frühjahr 2002 zugewiesen. Daher sind die Sozialpartner aufgefordert, konstruktiv zusammenzuwirken, gemeinsame Konzepte für die Weiterentwicklung Europas zu entwickeln sowie mögliche Probleme aktiv aufzugreifen, um sachgerechte Lösungen zu erarbeiten.

Gerade an der Schnittstelle zwischen Österreich und seinen Nachbarn, die seit wenigen Monaten ebenfalls Mitglieder der EU sind, werden die Sozialpartner als Manager des Wandels aufgefordert, die Chancen wahrzunehmen, die sich durch den europäischen Einigungsprozess ergeben. Dabei geht es vor allem auch um die Begleitung des Integrationsprozesses, um die wirtschafts- und sozialverträgliche Umsetzung der Erweiterung sicherzustellen.

Da in einigen der neuen Mitgliedstaaten die Tradition eines sozialen Dialogs fehlt und die derzeitigen Organisationen der Arbeitgeber und Arbeitnehmer schwach und fragmentiert sind, sind sie den neuen Aufgaben kaum gewachsen. Vor allem wird es für sie schwierig sein, verbindliche europäische Abkommen auf nationaler Ebene umzusetzen und für das follow-up zu sorgen. Es wird also jenseits des bereits durchgeführten Projekts zur Verstärkung der Fähigkeiten dieser Verbände, am europäischen sozialen Dialog teilzunehmen und die Abkommen auch in ihren Ländern umzusetzen, weiterer konsequenter Anstrengungen seitens der Verbände der EU-25 mit Unterstützung der Europäischen Union bedürfen.

Die Sozialpartnerschaft in Österreich

Europa steht vor der Aufgabe, im Rahmen eines globalen Wettbewerbs für gemeinsame europäische Standards und Werthaltungen einzutreten. Das Ziel ist ein gemeinsames Vorwärtsschreiten zu einer wirtschaftlich und sozial ausgewogenen Entwicklung in allen Ländern der EU bei gleichzeitiger Entwicklung der europäischen Wettbewerbsfähigkeit, wie im Gipfel von Lissabon vorgesehen. Dies soll zu einem dauerhaften Wirtschaftswachstum mit mehr und besseren Arbeitsplätzen und einem größeren sozialen Zusammenhalt führen.

Diese Aufgaben erfordern eine aktive Beteiligung und Mitwirkung der Sozialpartner, und zwar auf allen Ebenen, wozu sie sich auch bereit erklärt haben. Dazu dienen auch eine notwendige Intensivierung des makroökonomischen Dialogs auf europäischer Ebene sowie auch ein vertiefter europäischer sozialer Dialog auf Branchenebene. Die erweiterte Union wird damit auch in der Lage sein, ihre Verantwortung für wirtschaftlichen Fortschritt, eine nachhaltige Entwicklung und soziale Gerechtigkeit verstärkt wahrzunehmen.

Obwohl sich die Lissabon-Agenda hauptsächlich an die Mitgliedstaaten wendet, hängt der Erfolg auch von der aktiven Teilnahme der Sozialpartner auf europäischer und nationaler Ebene ab. Die Europäischen Sozialpartner haben bereitwillig ihre Verantwortung wahrgenommen und ein gemeinsames Mehrjahresprogramm verabschiedet, das weitgehend die Prioritäten der Lissabon-Agenda abdeckt. Dadurch wurde es auch möglich, den Themenkreis erheblich zu erweitern, mit dem sich die Europäischen Sozialpartner beschäftigen. Diese reichen nun vom Beschäftigungsstand über aktives Altern, Management des Wandels und der Befähigung von Unternehmen und Arbeitnehmern, sich anzupassen, und eine neuen Balance zwischen Flexibilität und Sicherheit bis hin zu lebenslangem Lernen und den Konsequenzen der Erweiterung der EU.

Auch im neuen Verfassungsentwurf der EU sind die Europäischen Sozialpartner im Titel 6 des ersten Teils enthalten, der sich mit dem demokratischen Leben der Union beschäftigt. In Art. 47 anerkennt und fördert die EU die Rolle der Sozialpartner auf Ebene der Union, sie fördert den sozialen Dialog und achtet dabei auf die Autonomie der Sozialpartner. Wesentliche Gebiete des Sozialen Dialogs werden natürlich im dritten Teil der Verfassung angesprochen, der unter anderem die Beschäftigungs- und Sozialpolitik enthält. Darin ist auch die Umsetzung von Sozialpartnervereinbarungen in Gemeinschaftsrecht enthalten.

Leitl: Manager des Wandels – Die Zukunft der Sozialpartnerschaft

Trotz dieser verbesserten Berücksichtigung der Sozialpartnerschaft in der zukünftigen EU-Verfassung muss dieser europäische soziale Dialog weiter verstärkt werden, wenn er besser zur einer europäischen governance beitragen soll, und zwar mit Respekt für die Autonomie der Sozialpartner. Dazu trägt sicherlich nicht das Vorhaben der Europäischen Kommission bei, für zukünftige Abkommen der europäischen Sozialpartner eine kodifizierte Terminologie vorzuschreiben. Dies widerspricht der Autonomie, verringert den Handlungsspielraum der Partner und schränkt Innovationen in Verhandlungen und Verträgen zu stark ein.

Eine Verstärkung kann den europäischen Sozialen Dialog sichtbarer machen und umgekehrt. Dazu gehört eine Präsentation aller Texte der Sozialpartner in einer gemeinsamen Datenbank, eine Klassifikation der Texte, um die Übersichtlichkeit zu gewährleisten, die Publikation von best practices, um das Verständnis für den Sozialen Dialog zu verstärken, und auch eine finanzielle Unterstützung der Verbände in den neuen Mitgliedstaaten, um deren Integration zu fördern.

Das Gegenteil einer Förderung des Sozialen Dialogs wird allerdings erreicht, wenn es sich die Kommission im Zuge der Umsetzung von Vereinbarungen jederzeit vorbehält, ihr Gesetzesvorschlagsrecht anzuwenden, wenn die Sozialpartner zu lange brauchen, um die Gemeinschaftsziele zu erreichen. Der Respekt für die Autonomie der Sozialpartner ist conditio sine qua non für eine effektive und innovative Partnerschaft, die zu Recht den Titel „Manager des Wandels" tragen soll.

Die Soziale Verantwortung der Unternehmen

Als Auswirkung der Strategie von Lissabon rückt auch die soziale Verantwortung der Unternehmen (CSR) immer mehr in den Mittelpunkt der politischen Diskussion. Der Rat von Nizza hat die Funktion der sozialen Verantwortung zur Erreichung des Lissabonziels nochmals unterstrichen. Darin enthalten ist auch das Bekenntnis der EU den bisherigen Weg der ökologischen und sozialen Marktwirtschaft weiter zu gehen. Europa muss sich also unter geeigneten sozialen Voraussetzungen dem zunehmenden Wettbewerb stellen.

Der zunehmend schnellere strukturelle Wandel Europas löst bei allen beteiligten Hoffnungen aber auch Ängste aus. Unternehmer können sich dem Wandel nicht entziehen – Stillstand bedeutet das Ende des Unternehmens. Jedoch wird deutlicher, dass jene Unternehmer, die sich bei der Bewältigung dieser

Die Sozialpartnerschaft in Österreich

Herausforderungen ihrer gesellschaftlichen Verantwortung bewusst sind, unmittelbaren wirtschaftlichen Nutzen ziehen können – Benefit statt Profit.

Soziale Verantwortung ist systematisch eine freiwillige Verpflichtung von Unternehmen, eine ethischere Gesellschaft und eine gesündere Umwelt hinzuwirken. Diese freiwilligen Leistungen eines Unternehmers gehen über gesetzliche Verpflichtungen hinaus, und sind somit auch kein Ersatz für bestehende Rechtsvorschriften, aber auch keine Vorstufe für neue Regulierungen. An diesem Prinzip der Freiwilligkeit dieser unternehmerischen Initiative darf nicht gerüttelt werden.

CSR ist ein überaus individuelles Managementkonzept, dass die wirtschaftlichen, sozialen und ökologischen Folgen der unternehmerischen Tätigkeit in den Mittelpunkt der Unternehmensstrategie stellt. Daher kann es auch kein „one fits all" Konzept geben, weil dies nur Fixkosten, vor allem für Klein- und Mittelbetriebe (KMU) erhöhen würde.

Welche Chancen ein aktives Übernehmen sozialer Verantwortung bedeutet, ist noch wenig im Bewusstsein der Unternehmer verankert. Die Strategien großer multinationaler Unternehmen könne kaum als Modell für KMU herangezogen werden. Daher ist es wichtig, das Wissen über CSR zu verbessern und den Austausch von Erfahrungen gerade unter KMU zu fördern, damit auf die Unternehmensgröße angepasste Strategien entwickelt werden können.

Die Mehrheit der KMU wird bereits in einer sozial verantwortungsvollen Weise geführt, ohne dass dies ihnen bewusst wäre. Sie sind nachweislich sozial engagiert und tragen große Verantwortung für wirtschaftliche und ökologische Entwicklung der Regionen. Dieses Verhalten muss nun gesellschaftlich transparent gemacht werden. Wie dies geschehen könnte, zeigt ein unter Mitarbeit der WKÖ von CSR-Austria herausgegebener Leitfaden, zeigen aber auch zahlreiche neue Pilotprojekte, an denen auch die WKÖ beteiligt ist.

Auch die österreichischen Sozialpartnerverbände waren sich in der Vergangenheit ihrer sozialen Verantwortung stets bewusst und werden es auch in Zukunft sein. Der österreichische Weg ist ein gutes Beispiel dafür, wie wirtschaftlicher Erfolg und sozialer Zusammenhalt zu Wohlstand und einer gesunden Umwelt für alle führen, ohne die Wettbewerbsfähigkeit der Unternehmen zu gefährden.

Leitl: Manager des Wandels – Die Zukunft der Sozialpartnerschaft

In Zukunft muss diese Rolle der Sozialpartner als Manager des Wandels deutlicher gemacht werden. Zusätzlich zu ihrer Rolle, die Wettbewerbsfähigkeit der österreichischen Wirtschaft auszubauen, werden die Sozialpartner ihre Verantwortung gegenüber all jenen Bürgern wahrzunehmen haben, die Probleme haben, den Anforderungen und Auswirkungen des Wandlungsprozesses gerecht zu werden. Damit die nachfolgenden Generationen ihr Leben aktiv und unbelastet von Entscheidungen der Vergangenheit gestalten können, wird es neben den Anstrengungen für mehr Wachstum auch notwendig sein, mit sämtlichen Ressourcen verantwortungsvoll im Hinblick auf Lebensqualität und Umwelt umzugehen.

Wie sinnvoll ist Sozialpartnerschaft?
Vorsitzender ÖkR Rudolf Schwarzböck
Präsidentenkonferenz der österreichischen Landwirtschaftskammern

WIE SINNVOLL IST SOZIALPARTNERSCHAFT?
von ÖkR Rudolf Schwarzböck,
Vorsitzender der Präsidentenkonferenz der Landwirtschaftskammern Österreichs

Vorbemerkungen
Die heimischen Sozialpartner nahmen die vergangene Europa-Wahl zum Anlass, einen dringenden Appell an das Wahlvolk zu richten, die demokratischen Mitbestimmungsmöglichkeiten auch wahrzunehmen und vom Wahlrecht Gebrauch zu machen. Als einen wesentlichen Grund für diesen Aufruf führten die unterzeichnenden Präsidenten bzw. Vorsitzenden die Tatsache an, dass die Bedeutung des Europäischen Parlaments in den letzten Jahren enorm zugenommen habe und dieses rund zwei Drittel der europäischen und damit auch mittelbar der österreichischen Sozial-, Wirtschafts- und Umweltgesetzgebung entscheide bzw. wesentlich mitbestimme. Für den Bereich Landwirtschaft, einen der wenigen voll „vergemeinschaftlichten" Politikbereiche der EU, beträgt dieser Prozentsatz im übrigen 100 Prozent.

Sind angesichts einer derart hohen Entscheidungsdichte der europäischen Einrichtungen noch nationale Interessenvertretungen, ist eine nationale Sozialpartnerschaft überhaupt noch sinnvoll? Oder fallen die Entscheidungen ohnehin, ohne Einflussmöglichkeiten von Sozialpartnern, ausschließlich in den europäischen Zentralen? Oder anders ausgedrückt: Hat die Sozialpartnerschaft unter solchen Vorzeichen noch Zukunft?

Herr und Frau Österreicher glauben jedenfalls an die Zukunft dieser Einrichtung und bestätigen dies auch in Umfragen. Eine knapp zwei Jahre alte Untersuchung von Fessel-GFK zeigt, dass 44 Prozent der Befragten wollen, dass die Sozialpartnerschaft in Zukunft die gleiche Rolle spielen sollte wie bisher. Mit 38 Prozent wünschen knapp ebenso viele, dass sie sogar eine größere Rolle spielen sollten und nur 15 Prozent wollen einen geringeren Stellenwert der Sozialpartner in Österreich.

Ursprünge und Entwicklung bis heute
Die Sozialpartnerschaft hat ihren geistesgeschichtlichen Ursprung im 19. Jahrhundert. Mittelpunkt der damaligen Überlegungen war der Gedanke der Überwindung der Trennung von Kapital und Arbeit. Die Klassentrennung und der Klassenkampf sollten durch eine genossenschaftliche Vereinigung dieser Produktionsfaktoren in einen Stand überwunden werden. Im Vordergrund

standen dabei die Parität, der Interessenausgleich, die Autonomie und Selbstverwaltung und die Veränderung des Klassenkampfes durch Kooperation. Erste Kammern als ständische Interessenvertretungen gegenüber der Obrigkeit entstanden Mitte des 19. und die jüngsten, darunter die Landwirtschaftskammern, in der ersten Hälfte des 20. Jahrhunderts.

1947 gründeten die Sozialpartnerverbände, unter ihnen die Präsidentenkonferenz der Landwirtschaftskammern Österreichs die „Wirtschaftskommission" auf der Basis der Freiwilligkeit. In diese frühe Zeit fielen erste Erfolge, die auch die Land- und Forstwirtschaft positiv betrafen, wie der Wiederaufbau des Sozialversicherungswesens, der agrarischen Marktordnungen und die Entstehung des Sozialversicherungsgesetzes. 1957 wurde die „Paritätische Kommission für Preis- und Lohnfragen" konstituiert und 1963 kam es zur Bildung des „Beirates für Wirtschafts- und Sozialfragen".

„ Die Interessenvertretungen tragen zur Erhaltung des sozialen Friedens und damit zu einer gewissen Systemstabilisierung im politischen Sinne bei. Der Grundgedanke des sozialpartnerschaftlichen Systems besteht darin, dass die wichtigsten Ziele der Wirtschafts- und Sozialpolitik, wie Wirtschaftswachstum, Wohlstand und soziale Sicherheit, aber auch intakte Umwelt etc., durch Zusammenarbeit und koordiniertes Handeln der großen gesellschaftlichen Gruppen besser erreicht werden können als durch ein offenes Austragen von Konflikten", war die Meinung der Gründerväter, die bis zum heutigen Tag Gültigkeit hat.

In den Jahren 1990 und 1994 geriet jeweils im Umfeld von Nationalratswahlen die Sozialpartnerschaft in die öffentliche Diskussion. Dies führte zu einer Thematisierung der Sinnhaftigkeit des Kammersystems und der gesamten Sozialpartnerschaft. Die Diskussion verengte sich signifikanterweise jedes Mal auf die Frage, ob die gesetzliche Mitgliedschaft („Pflichtmitgliedschaft") in Kammern sinnvoll sei oder nicht. Im Landwirtschaftsbereich kam es in der Folge zu Abstimmungen über das Weiterbestehen der Kammer mit Pflichtmitgliedschaft, in deren Rahmen zwischen 82 und 97 Prozent der Wahlberechtigten für die Kammer und das System in der derzeitigen Form stimmten.

Verfassungsexperten sahen damals die Politik vor einer grundlegenden Alternative: Die Selbstverwaltung in ihrer strukturellen Eigenart zu belassen und ihre Ausgestaltung zu verbessern oder aber den Schritt zur Auflösung der Selbstverwaltung zu gehen, Interessenvertretung privaten Verbänden zu

Die Sozialpartnerschaft in Österreich

überlassen und die öffentlichen Aufgaben an den Staat zu übertragen. Dies hätte auch eine Abkehr von den Gedanken der Subsidiarität und der Gewaltentrennung bedeutet und wäre ein Schritt zum stärkeren Staat. Die Konsequenz wäre nicht mehr Freiheit der Bürger, sondern vermehrte Macht des Staates.

Neue Herausforderungen
Am 3. Februar 2000 unterzeichneten die Parteiobmänner von ÖVP und FPÖ, in einer Koalition auf Bundesebene vereint, die als „Präambel" bezeichnete „Deklaration Verantwortung für Österreich – Zukunft im Herzen Europas". Darin findet auch die Sozialpartnerschaft ihren Platz.

Konkret heißt es da: „Das Solidaritätsprinzip bedeutet auch, dass auf die Bedürfnisse und Lebensperspektiven künftiger Generationen Rücksicht zu nehmen ist, um faire Chancen für alle Mitglieder der Gesellschaft und ihre Lebensentwürfe zu sichern. Die Bundesregierung will Österreich als leistungs- und wettbewerbsorientierten Wirtschaftsstandort stärken. Das ist die Basis für die Sicherung bestehender, sowie die Schaffung neuer Arbeitsplätze und des Wohlstandes in unserem Land. Gerade Österreichs Beitritt zur Europäischen Union und eine gesicherte Teilnahme an der Währungsunion waren und sind wichtige Voraussetzungen für die Zukunft von Wirtschaft und Arbeit in Österreich. Die Sozialpartnerschaft hat sich in Österreich als wichtiges Standortinstrument für Wirtschaft und Arbeit bewährt und dadurch zum sozialen Frieden in Österreich beigetragen. Die Bundesregierung bekennt sich zur umfassenden Kooperation mit den Sozialpartnern, empfiehlt aber gleichzeitig die notwendige Reformbereitschaft der Sozialpartnerschaft etwa bei der Reform der Sozialversicherungsträger, einschließlich der Wahl der Versichertenvertreter, und der Stärkung des Servicecharakters der sozialpartnerschaftlichen Einrichtungen."

Dieses Bekenntnis zu den Sozialpartnern und das gleichzeitige Einmahnen von Reformbereitschaft durch die Bundesregierung markiert den Beginn einer Entwicklung, die in den heimischen Medien salopp mit „Abstieg der Sozialpartnerschaft" beschrieben wird. Wurde in den Jahrzehnten der so genannten großen Koalition zwischen SPÖ und ÖVP den Sozialpartnern stets vorgeworfen, übermächtig zu sein und eine „Nebenregierung" zu bilden, in der all das ausgehandelt werde, was dann das Parlament nur noch vollziehe, so müssen sie jetzt Kritik dafür einstecken, dass trotz Streiks und Demonstrationen die Regierung Einwände und Proteste der Sozialpartner kaum bis gar nicht höre

Schwarzböck: Wie sinnvoll ist Sozialpartnerschaft?

und auch „Runde Tische" zu essentiellen Fragen der Gesellschaft, wie Gesundheits- oder Pensionsreform wenige bis gar keine Ergebnisse brächten.

Die Wahrheit zwischen Allmacht und Ohnmacht der Sozialpartner liegt auch hier in der Mitte: Weder waren die Sozialpartner je so stark, dass sie allein den Staat lenken konnten, noch sind sie heute so schwach, dass die Regierung sie nicht mehr bräuchte. Sie stehen aber vor neuen Herausforderungen.

Globalisierung und Sanierung

Die internationalen Verflechtungen werden intensiver, die Abhängigkeiten im Zuge der Globalisierung wachsen. Das Tempo der Veränderungen nimmt rasant zu. Sowohl in ökonomischer als auch in politischer Hinsicht stehen Wirtschaft und Gesellschaft unter verstärktem Veränderungs- und Anpassungsdruck. Die daraus resultierende Verunsicherung zeigt sich nicht nur in der Bevölkerung, sondern auch in den Interessenvertretungen. Der Zwang zur Neuorientierung in der nun erweiterten EU der 25 Mitgliedsstaaten bietet jedoch nicht nur Risiken und Herausforderungen, sondern auch gleichzeitig Chancen; Chancen auch für die Sozialpartner.

Während EU-Erweiterung und Globalisierung von außen Druck auf die Gesellschaft ausüben, kommt die Notwendigkeit, neue Wege zu gehen, auch von innen: Die Zeit des Verteilens stetig wachsenden Wohlstandes ist vorbei. Nun gilt es, Erreichtes zu bewahren, in dem bewährte Einrichtungen reformiert und so den modernen Anforderungen gerecht werden und in dem auch von manchen lieb gewordenen Gewohnheiten Abschied genommen wird.

Interessenvertretung kann und wird auch immer wieder heißen, Interessen gegen etwas, gegen jemand durchzusetzen. Doch kann nur der Solidarität für die eigenen Mitglieder verlangen, der dem anderen gegenüber ebenso solidarisch und offen ist. Das heißt für jeden einzelnen Sozialpartner, nicht ausschließlich das Interesse der eigenen Gruppe, sondern das Ganze zu sehen: Das war schon beim EU-Beitritt so, das ist bei der Sanierung des Staatshaushaltes so und das gilt auch für die erfolgte EU-Erweiterung, für den Sozialbereich, in dem die Sozialpartner höchste Eigenverantwortung tragen und das gilt schließlich für den Umwelt- und Energiebereich, der dringend weiterer partnerschaftlicher Initiativen bedarf.

Die Sozialpartnerschaft der Zukunft kann nur dann erfolgreich sein, wenn sie in gemeinsamer Verantwortung Last und Erfolg teilt. Das unterscheidet sie auch von Lobbyisten, aber auch von manchen nicht-staatlichen Organisationen

Die Sozialpartnerschaft in Österreich

(NGO), die sich nur ihren eigenen Mitgliedern, keineswegs aber dem Staatsganzen verpflichtet fühlen (und die, im Gegensatz zu den Kammern mit gesetzlicher Mitgliedschaft und Urwahlen, keinerlei Möglichkeiten demokratischer Willensbildung möglich machen). Ohne den internen Interessenausgleich der Kammern mit Pflichtmitgliedschaft setzen sich nur die Stärksten und Mächtigsten in der Gesellschaft durch. Das ist einer der wesentlichsten Gründe, warum Sozialpartnerschaft, wie Österreich sie kennt, auch in Zukunft sinnvoll und notwendig ist.

Die Menschen wollen konstruktive Lösungsansätze, um damit für die Zukunft bessere Lebens- und Arbeitsbedingungen zu sichern. Österreich würde viel verlieren, wenn die Sozialpartner als sinnlos gebrandmarkt und zur Seite gestellt werden würden. Die Sozialpartner können und wollen Staat und Gesellschaft moderne und partnerschaftliche Lösungsmodelle für die drängenden Zukunftsfragen anbieten. Dazu müssen und werden sie sich auch selbst den neuen Herausforderungen stellen.

Sozialpartnerschaft und Agrarbereich
Das gilt auch für den Agrarbereich. Gefragt sind heute von den Bauern und ihren Interessenvertretern verstärktes Eingehen auf die Wünsche und Anliegen der Konsumenten, gerade im Lebensmittelbereich und gleichzeitig Unternehmergeist und Ausrichtung auf den härter werdenden Wettbewerb. Das heißt: Öffnung und Neuformierung, Weiterentwicklung zum Dienstleistungsunternehmen, veränderte Problemlösungskapazitäten und ebenso tief gehende wie weit reichende Reformen sind nicht mehr einmalige und punktuelle Erscheinungen in der Interessenvertretung, sondern ein dauerhafter Prozess, der die tägliche Arbeit begleiten muss und im Agrarbereich schon seit Beginn der neunziger Jahre begleitet.

Die Umsetzung der reformierten EU-Agrarpolitik, die WTO-Verhandlungen und die erfolgte Erweiterung der Union um die mittel- und osteuropäischen Nachbarn haben das Tempo der Veränderungen für die Landwirtschaft in der Europäischen Union weiter beschleunigt. Um so notwendiger sind dauerhafte stabile politische Verhältnisse für Europas Bauern: in Umbruchzeiten sind Berechenbarkeit, Sicherheit und Verlässlichkeit das Wichtigste. Ein fester Anker dafür ist das in Österreich seit Jahrzehnten bewährte System der Kammern in der Sozialpartnerschaft.

Die Agrarpolitik stellt die Bauern ständig vor neue Herausforderungen. Gefragt sind heute von den Bauern und ihren Interessenvertretern Flexibilisierung und

Schwarzböck: Wie sinnvoll ist Sozialpartnerschaft?

Dezentralisierung, auch wenn die interne Kompromissfindung und Interessenabstimmung eher schwieriger als leichter wird. Die aus den veränderten agrarpolitischen Rahmenbedingungen resultierende weitestgehende Umstellung in den bäuerlichen Betrieben stellt auch die Interessenvertretung vor neue Perspektiven.

Europa und Sozialpartner
Während auf der Stufe der Nationalstaaten der Einfluss der Sozialpartner in dem Ausmaß schwächer wird, als die Kompetenz für Gesetze und Verordnungen in die EU abwandert, steigt auf europäischer Ebene die Bedeutung der Vertretung der „Zivilgesellschaft", wie diese Form der Interessenvertretung in der EU genannt wird. Zwar sind die Experten der heimischen Interessenvertretungen in die Vorbereitungen von Entscheidungen in Kooperation mit den zuständigen Ministerien eingebunden, doch die tatsächlichen Beschlüsse fallen in den Räten, also im Kreise der Minister und Regierungschefs. Aus diesem Grund wächst Schritt für Schritt die Sinnhaftigkeit sozialpartnerschaftlicher Tätigkeit auf Europa-Niveau.

Der Europäische Wirtschafts- und Sozialausschuss (WSA) ist eine beratende Versammlung, die 1957 durch die Verträge von Rom eingesetzt wurde. Er besteht aus Vertretern der verschiedenen wirtschaftlichen und sozialen Bereiche der organisierten Zivilgesellschaft und hat die Aufgabe, den drei Organen (Europäisches Parlament, Rat der Europäischen Union und Europäische Kommission) als Ratgeber zur Seite zu stehen. Der Ausschuss verfasst pro Jahr durchschnittlich 150 Stellungnahmen.

Dem WSA gehören 222 Mitglieder an, die in drei Gruppen organisiert sind: die Arbeitgeber, die Arbeitnehmer und die Gruppe „Verschiedene Interessen", in der Handwerker, Landwirte, Klein- und Mittel-Unternehmen, freie Berufe, sozialwirtschaftliche Verbraucherorganisationen, Familienvereinigungen, Verbände für Behinderte und zur Bekämpfung der Ausgrenzung, Organisationen zur Vertretung des Allgemeininteresses usw. vertreten sind. Zwei Drittel der Empfehlungen des WSA werden von den Entscheidungsinstanzen berücksichtigt, und seine Einflussnahme geht sehr häufig über den Rahmen des Kommissionsvorschlags, der Gegenstand der Ausschussstellungnahme war, hinaus. Die Initiativstellungnahmen des Ausschusses sind von besonderem Interesse: Häufig können mittels dieser Initiativarbeiten die Entscheidungsorgane der Europäischen Union, allen voran die Kommission, für ein Thema sensibilisiert werden, dem sie bis dahin kaum oder keine Aufmerksamkeit gewidmet haben.

Die Sozialpartnerschaft in Österreich

Als konkretes und besonders erfolgreiches Beispiel sei die WSA-Stellungnahme „Eine Politik zur Konsolidierung des europäischen Agrarmodells" genannt. Diese hat zum breiten politischen und gesellschaftlichen Konsens über die Multifunktionalität der Landwirtschaft beigetragen. Die Initiative ging damals von Österreich, konkret von der bäuerlichen Interessenvertretung aus und es gelang, alle gesellschaftlich relevanten Gruppen der Europäischen Union hinter diesem Papier zu einen.

Was gilt es zu erreichen?
Jede Organisation, die sich ausschließlich darauf beschränkt, Arbeit, die von außen an sie herangetragen wird, zu erledigen, ist von heute auf morgen ersetzbar. An ihre Stelle treten Einrichtungen, non-profit oder kommerziell ist dabei unerheblich, die sich ein Ziel gesetzt haben, über eine Strategie verfügen, dieses Ziel auch zu erreichen und beides ihrer Klientel anschaulich kommunizieren.

Um als Organisation positiv wahrgenommen und somit in der Sinnhaftigkeit nicht in Frage gestellt zu werden, ist es deshalb unabdinglich, den Mitgliedern und Betroffenen gleichzeitig Leistungen und Perspektiven anbieten zu können: Die Leistungen sind unmittelbar spürbar und hängen eng mit dem derzeit ohnehin schon intensiv laufenden Ausbau der Dienstleistungs-Komponente in den Interessenvertretungen zusammen. Die Perspektiven wirken jedoch erst mittel- und langfristig, dürfen aber trotzdem nicht dem Alltagsgeschäft geopfert werden. Denn ohne geistigen Überbau, ohne langfristige Strategien und Visionen verflachen Unternehmen und Organisationen und werden austauschbar.

Deshalb muss die Sozialpartnerschaft wissen, was es zu erreichen gilt. Wirtschaftswachstum und Teilnahme aller Gruppen am Wohlstand werden da ebenso dazu gehören, wie internationale Wettbewerbsfähigkeit, effiziente, innovative und nachhaltige Strukturen in den Bereichen Verwaltung, Soziales, Bildung und Forschung. Der verantwortungsvolle Umgang mit den Ressourcen und eine multifunktionale bäuerliche Land- und Forstwirtschaft runden den Zielkatalog ab. Um diese Ziele zu erreichen, ist die Entwicklung und Erarbeitung von Lösungsvorschlägen für die brennenden gesellschaftlichen Probleme eine Grundvoraussetzung. Diese Vorschläge wären und sind gefragt im Wirtschafts- und Arbeitsbereich ebenso, wie im Gesundheits- und Sozialbereich, in den Sektoren Bildung und Forschung genauso, wie in Fragen der Verwaltung, der Umwelt oder der Infrastrukturentwicklung.

Schwarzböck: Wie sinnvoll ist Sozialpartnerschaft?

Handlungs-, Entscheidungs- und somit Zukunftsfähigkeit der Sozialpartnerschaft werden letztlich davon abhängen, wie viele und wie gute Antworten die Interessenvertretungen gemeinsam auf diese Anliegen der Gesellschaft geben können. Dabei sind als Antworten nicht abgehobene theoretische Modelle oder kleinste gemeinsame Nenner ohne spürbaren Reform- und Veränderungswillen gefragt, sondern um- und durchsetzbare Lösungsansätze, die Österreich angesichts einer dynamischen neuen und größeren EU national stabil und international wettbewerbsfähig machen.

Schlussbemerkungen

Die Frage des Titels dieses Aufsatzes, „Wie sinnvoll ist die Sozialpartnerschaft", soll mit einer Gegenfrage abschließend beantwortet werden: „Wie sinnvoll ist die Organisation eines Gemeinwesens ohne Sozialpartnerschaft?"

Ein Land, ein Staat, in dem der Interessenausgleich zuerst in der eigenen Interessengruppe und in Folge zwischen den einzelnen Gruppierungen nicht funktioniert, weil ein entsprechender Ausgleichsmechanismus fehlt, hat auch keinen funktionierenden Ausgleich zwischen staatlichem Wollen und Wirken und den Wünschen der Bürger. Er wird auch keine Gesprächs- und Verhandlungskultur, keine Toleranz, kein Verständnis kennen und Konflikte vermehrt auf der Straße und nicht am Verhandlungstisch austragen. Und so ein Land, so ein Staat wird auch nicht Rücksicht auf die gesellschaftlich, wirtschaftlich oder sozial Schwächeren nehmen können oder wollen, sondern die Starken auf Kosten der Schwachen noch stärker machen. Schließlich wird so ein Staat auch international kein gutes Beispiel abgeben.

Sozialpartnerschaft österreichischen Stils, getragen und geprägt von Einrichtungen, die jedem einzelnen Mitglied demokratische Rechte, wie Urwahl etc. einräumen, stellt eine organisierte Vertretung mündiger Bürger dar. Die Interessenvertretungen trachten gemeinsam und in Kooperation mit den Regierungen danach, dass Staat und Wirtschaft florieren und jeder einzelne Bürger an diesen Erfolgen Anteil haben kann. Dieses Ziel braucht offene, moderne, dienstleistungs- und lösungsorientierte Interessenvertretungen, die auch langfristig wissen, was sie im Sinne des Ganzen wollen. Auf diese Weise ist Sozialpartnerschaft in einem Land auch in Zukunft außerordentlich sinnvoll, sinnstiftend und sinngebend.

Die Zukunft der Sozialpartnerschaft
Präsident Fritz Verzetnitsch
Österreichischer Gewerkschaftsbund

DIE ZUKUNFT DER SOZIALPARTNERSCHAFT
von Fritz Verzetnitsch
Präsident des Österreichischen Gewerkschaftsbundes

Die österreichische Sozialpartnerschaft ist ein elementarer Baustein für den beispiellosen wirtschaftlichen und sozialen Erfolg in der Nachkriegszeit. Sie hat wesentlich dazu beigetragen, dass es den Menschen in Österreich gut geht und die Wettbewerbsfähigkeit und der soziale Friede gewahrt bleiben. Die Erfahrungen in den vergangenen Jahrzehnten haben gezeigt, dass eine auf Konsenslösungen hin orientierte Wirtschafts- und Sozialpolitik ein Garant dafür ist und dies im internationalen Wettbewerb einen wichtigen Faktor und Vorteil darstellt.

Trotzdem werden immer wieder relativierende Argumente gegen sie vorgebracht. Manche werfen ihr vor, sie sei eine Nebenregierung oder ein Struktur konservierendes Fossil aus vergangenen Tagen. Doch jüngste Umfragen bescheinigen der Sozialpartnerschaft ein hohes Ansehen in der Bevölkerung. Das ist kein Zufall, denn die Menschen wissen, dass die Sozialpartnerschaft ein Schlüssel zur sozialen Sicherheit Österreichs ist. Damit können Krisen und Rezessionen besser als anderswo bewältigt werden. Voraussetzungen für eine funktionierende Sozialpartnerschaft sind aber starke Interessensvertretungen für ArbeitnehmerInnen, wie es der ÖGB und seine Gewerkschaften und die Arbeiterkammern sind.

„Wohlstand für alle" war eine sehr starke gemeinsame sozialpartnerschaftliche Klammer einer wirtschafts- und sozialpolitischen Konzeption, die sowohl in breitem Ausmaß die Interessen der Bevölkerung widerspiegelte als auch eingelöst werden konnte.

In der Zukunft werden die Sozialpartner bei Projekten wie Gesundheit und soziale Sicherheit, Beschäftigung für alle, die gemeinsame Gestaltung der Zukunft Europas, Fragen einer älter werdenden Gesellschaft und Fragen der Wirtschafts- und Sozialentwicklung Österreichs – wo soll die Wirtschaft etwa im Jahr 2010 stehen – gefordert sein. Sie müssen sich auch mit Fragen der Infrastrukturentwicklung im weitesten Sinne sowie mit Forschung und Entwicklung, der internationalen Zusammenarbeit und mit der Frage beschäftigen – wie kann nachhaltiges Wachstum, das Arbeitsplätze und Wohlstand schafft, entstehen.

Verzetnitsch: Die Zukunft der Sozialpartnerschaft

Diese wesentlichen Ziele stellen sich gleichermaßen für Arbeitnehmer und Arbeitgeber.
In dieser Situation wird eine kurzfristig orientierte, ausschließlich auf das eigene Wohl fokussierende Politik, um gegenüber Mitbewerbern nachhaltig Vorteile zu erzielen, weniger Erfolg versprechend sein als der Versuch, gemeinsam an einem Strang zu ziehen. Doch Konflikt oder Konsens hängt von den handelnden Personen ab und davon wie man miteinander umgeht. Die österreichische Regierung tut gut daran, Gewerkschaften und Arbeiterkammern in Veränderungsprozesse einzubinden und mit ihnen gemeinsame Lösungen auf Grundlage sozialer Ausgewogenheit zu suchen. Denn es geht nicht nur um den wirtschaftlichen Erfolg von Unternehmen sondern ebenso um die Bewältigung des Wandels mit sozialer Sicherheit.

Die großen Zielsetzungen für das Land haben mittel- und längerfristigen Charakter und können daher nur allmählich realisiert werden. Soziale, gesellschaftliche oder auch betriebswirtschaftliche Investitionen benötigen eine gewisse Zeit, um Früchte zu tragen.
Doch zunehmend ist die Führung in börsenotierten Unternehmen extrem kurzfristig ausgerichtet, werden elementare gesamtwirtschaftliche und sozialpolitische Zusammenhänge in den Hintergrund gedrängt oder gänzlich ausgeklammert. Was zählt ist der unmittelbar Erfolg – der shareholder-value für die Aktionäre. Dies hat schwerwiegende Folgen in Betrieben, für Beschäftigte, für ganze Regionen.

Das erfolgreiche Modell des Bündnisses der Geschäftsführung mit der Belegschaft ist nicht obsolet, sondern lebt in kleinen und mittleren, sehr flexiblen und technologieorientierten Unternehmen, die großen Wert auf gute Ausbildung legen, den Großteil der ArbeitnehmerInnen beschäftigen und die das Rückgrat der österreichischen Wirtschaft bilden, weiter.

Der Sozialstaat ist ein positiver Wirtschaftsfaktor – allein deshalb, weil in Zeiten schwacher wirtschaftlicher Entwicklung das Nachfragevolumen auf einem deutlich höheren Niveau stabilisiert wird als ohne diese zivilisatorische Errungenschaft. Die Unternehmerseite profitiert davon doppelt: sie nimmt selbst den Sozialstaat in Anspruch und der wirtschaftliche Fortgang der Unternehmen wird wesentlich begünstigt.

Aber der Sozialstaat befindet sich – abgesehen von der neoliberalen Auffassung, dass er ein Störfaktor sei – in einer schwierigen Position. Auf europäischer Ebene ist er nicht ausreichend abgesichert, um seine Funktion in Zukunft

Die Sozialpartnerschaft in Österreich

wahrnehmen zu können. Auf nationalstaatlicher Ebene wieder ist der Druck nach Abbau des Sozialstaates – mit dem Argument eines gestiegenen internationalen Wettbewerbs – zu groß, um dauerhaft bestehen zu können.

Die im Neoliberalismus hysterisch und mit großem Aufwand betriebene Präsentation von Gegensatzpaaren (Privat oder Staat, Deregulierung oder Regulierung, Sparen oder Bankrott) als scheinbar einzig jeweils möglicher Auswahlrahmen lässt beim Gedanken an „Gleichgewicht", „Miteinander", etc. Assoziationen wie langweilig und unmodern aufkommen.

Aber dahinter kommt ein deutlicher Hinweis für ein fundamental geändertes Verständnis darüber zum Vorschein, was Sozialpartnerschaft ist – oder nicht ist. Von einem Zustand permanent forcierter Gegensätze ist der Weg nicht weit bis zum „Ausschluss" als Prinzip: Ausschluss von der Mitverantwortung, von der Mitentscheidung und auch von der Auswahl derjenigen Themen, die überhaupt zur Vorbereitung, zur Entscheidung und letztlich zur Verantwortung anstehen – oder die ebenfalls ausgeschlossen werden.

Sozialpartnerschaft wird im Neoliberalismus zwangsläufig zu einer Provokation. Denn sie ist nach wie vor ein Modell für die Möglichkeit des umfassenden Erfolges unseres Landes, zeichnet sich durch einen gemäßigten Pragmatismus aus und genießt deshalb eine enorme Akzeptanz in der Öffentlichkeit, die großes Vertrauen in deren Lösungskompetenzen setzt.

Nichts wird in Zeiten großen Wandels mehr verlangt, als „Stabilität", oder besser gesagt „Sicherheit im Wandel".

Vor dem Hintergrund massiven Wandels ist die Absicht der Regierung, beim Österreich-Konvent und der Europäischen Union in der EU-Verfassung die Sozialpartnerschaft rechtlich zu berücksichtigen, nachvollziehbar.
Dieser Gedanke erfährt seine Einschränkung jedoch sofort dadurch, dass diese gedachte zukünftige Rolle erst dann mit Leben erfüllt sein kann, wenn auch die sozialen Grundrechte in den Verfassungen verankert sind. Erst dann ist sowohl ein Zusammenhang als auch eine Verbindung des verfassungsmäßigen Auftragskatalogs der Sozialpartner mit ihren ureigensten Aufgaben und Ansprüchen hergestellt.

Ohne diesen Zusammenhang wird den Sozialpartnern von der Regierung – gewollt oder ungewollt – im Weg einer Verfassungsreform eher der Weg in

Richtung des französischen Modells gewiesen – also einer Art gesetzlich eingerichteter dritter Kammer.

Man muss sich darüber im Klaren sein, dass die Regierung in diesem Prozess im Nationalrat noch keine Verfassungsmehrheit gefunden hat. Denn unabhängig von der Absicht der Verankerung der Sozialpartnerschaft in der Verfassung sieht sich die Regierung keinesfalls daran gehindert, fast im selben Atemzug die Selbstverwaltung der Sozialpartner im Bereich der sozialen Sicherheit fundamental in Frage zu stellen und die institutionelle Einbindung und Mitverantwortung der Gewerkschaften per Gesetz abzuschaffen.

Dahinter steht eine Strategie:

• Der Prozess einer durchgehenden Eliminierung der Gewerkschaften aus den Institutionen während Industriellenvereinigung und Wirtschaftskammer dort verankert bleiben aber die ausdrückliche verfassungsrechtliche Verankerung als ein mögliches „Zuckerl".

• Der gleichzeitige semantische Kunstgriff der Regierung, glauben zu lassen, dass sie ohnehin stets mit allen Sozialpartnern im Gespräch bzw. in Verhandlungen wäre und miteinander an einer gedeihlichen Lösung gearbeitet würde – dabei aber nur die Unternehmerseite im Sinn hat.

Dennoch arbeiten die Sozialpartnerorganisationen an den Grundlagen für ihre künftige Zusammenarbeit. Niemand sonst wird in Zukunft da sein, um ausgestattet mit dem Rückhalt der Bevölkerung und den notwendigen Ressourcen, die Zukunft unserer Gesellschaft bei möglichst geringen Reibungsverlusten in geordnete Bahnen lenken zu können. Meinungsforschungsinstitute, Unternehmensberater, Konsulenten können diese wichtige Aufgabenstellung nicht bewältigen.

Bestimmte Wirtschaftskreise wieder schütten Öl ins Feuer und wollen etwa eine Verlängerung der Arbeitszeiten – meinen damit aber Lohnkürzungen und Abbau von Beschäftigung im großen Stil. Die Zukunft wird Klarheit darüber schaffen, ob das in das psychologische unternehmerseitige Repertoire vor dem Auftakt wichtiger Verhandlungen einzustufen oder als gezielter Hieb gegen ureigenste Sozialpartnerbelange zu werten ist. Evident ist, dass dieser Vorschlag die gegenwärtigen wirtschaftlichen Probleme noch vergrößert und die ohnehin rekordträchtige Arbeitslosigkeit weiter gesteigert wird.

Die Sozialpartnerschaft in Österreich

Die Variante einer „Just-in-Time-Sozialpartnerschaft", die immer dann, wenn es Probleme gibt, zur Verfügung stehen soll, wird allerdings nicht möglich sein. Die andere Variante, nach einer längeren Periode verketteter öffentlicher Herabstufungen durch Regierungsprogramme, gepaart mit wiederholten zangenartigen Reflexen aus Kreisen der Wirtschaft gegen die Institution der Sozialpartnerschaft an sich, verweist in die Richtung einer deutlich instabileren Zukunft.

Einige Aktivitäten kann man auch als Verschieben von Problemen der vergangenen Jahre und deren Verschärfung in der Zukunft zulasten der ArbeitnehmerInnen sehen. Der daraus erwachsene Reparaturbedarf wird zu einer wichtigen Angelegenheit künftiger Regierungen.

Der ÖGB misst jede Regierung daran, wieweit diese gewillt ist, ihm bei der Bewältigung der elementaren Probleme zu helfen:

Der Zustand des Arbeitsmarktes – Vollbeschäftigung oder Rekordarbeitslosigkeit – ist wesentlich davon abhängig, wie Regierungen diesen Zustand jetzt und in Zukunft beurteilen. Denn für die betroffenen ArbeitnehmerInnen bzw. Arbeitslosen hängt davon die Existenz ab. Allein durch Marktkräfte entsteht Vollbeschäftigung nicht. Beschäftigung entsteht auch nicht durch „strukturelle Reformen". Das bedeutet nämlich länger arbeiten für weniger Lohn und weniger.

Regierungen sollen Fairness als Zielsetzung in ihr Programm aufnehmen: Fairness bei Lohn, bei Arbeitsbedingungen, bei betrieblicher Mitbestimmung als unmittelbarste Form der Demokratie. Soziale Fairness, die mit Hilfe von Gesetzen leichter etabliert werden kann.

Soziale Netze müssen funktionieren – dann wenn sie gebraucht werden. Das sind jene Fälle wie Krankheit, Unfall, Arbeitslosigkeit oder Alter, die alle Bevölkerungsschichten betreffen können. Funktionierende soziale Netze kann der freie Markt nicht bereitstellen – das Ausschlussprinzip bei fehlender Kaufkraft ist offensichtlich.

Was Österreichs solidarisch organisierte sozialen Netze betrifft, so ist es ein großer Unterschied, ob es bei einer Pensionsreform um Anpassungsmaßnahmen geht oder darum, dies dem freien Markt zu überlassen. Sozialpartnerschaft hatte immer mittel- und längerfristige Perspektive, wenngleich der unmittelbarste Bereich – die Lohnpolitik – von den Aktivitäten her kurzfristigen Charakter hat.

Gerade das mag mit ein Grund sein, weshalb die Lohnpolitik von betriebswirtschaftlichem wie auch gesamtwirtschaftlichem Pragmatismus getragen ist: Der vernünftige und auch mögliche Spielraum für Lohnerhöhungen ist die Abgeltung der Inflation und die Produktivität.

Bei den Arbeitszeiten bietet die österreichische Realität durch die Aktivitäten der Sozialpartner genau den Spielraum, der nötig ist, um die betriebswirtschaftlichen Interessen mit jenen der Belegschaft in Einklang zu bringen.

Aber Arbeit und Arbeitszeit sind nicht nur eine rechtliche Angelegenheit: Menschen definieren sich durch Arbeit! Entlassungen im großen Stil, Rekordarbeitslosigkeit und der massenhafte Ausschluss junger Menschen von der Möglichkeit einer Ausbildung und der Teilnahme am Arbeitsprozess bergen deshalb den Keim der Zerstörung der Gesellschaft in sich.

Das gilt auch für die Stabilität der Finanzierungsbasis der sozialen Netze, die am Faktor Arbeit aufbaut. Betriebe, die in großem Stil Entlassungen durchführen, werden im Vergleich zu jenen, die weiter Menschen beschäftigen, besser gestellt. Das führt zu Verzerrungen und erfordert die Suche nach anderen Bemessungsgrundlagen.

Das Konzept der Zukunft heißt Wertschöpfungsabgabe oder aber auch Tobin Tax. Die Wertschöpfungsabgabe führt zu einer gerechteren Verteilung der Finanzierungslasten. Die Tobin Tax ist ein Konzept, das Realinvestitionen anstatt Spekulationswellen mit anschließenden schweren Störungen des weltweiten Finanzsystems stimuliert.

Diese Realinvestitionen sind die Basis des künftigen Wohlstandes und bauen wiederum auf Ausbildung, Technologie, Innovation, betrieblicher Aus- und Weiterbildung, Infrastruktur und internationaler Zusammenarbeit auf. Künftiger Wohlstand ist also davon abhängig, wie gut es gelingt, diese Zusammenhänge herzustellen, sie wirken zu lassen aber auch sie zu steuern.

Regierung und Wirtschaftskreise argumentieren dagegen, infolge des gestiegenen Wettbewerbsdrucks könne sich die Gesellschaft das alles nicht mehr leisten und drohen unterschwellig mit Abwanderung. Im gleichen Atemzug heißt es aus denselben Quellen, dass die Globalisierung und die in den globalen Institutionen gesetzten neoliberalen Regeln vorteilhaft wären.

Die Sozialpartnerschaft in Österreich

Tatsache ist, dass die wirtschaftliche Leistungskraft zunimmt. Beim technischen und organisatorischen Fortschritt gehört Österreich seit über einem Jahrzehnt im OECD-Raum zu den Spitzenreitern und zählt zu den Ländern mit den höchsten Produktivitätsraten.

Hinter der extrem einseitigen Verteilung des erarbeiteten Wohlstandes sowie der einseitigen Zuordnung von Zukunftschancen im gegenwärtig scheinbar alles beherrschenden neoliberalen Gedankengebäudes eröffnet sich die neue Utopie: Jene nach einer fairen Gesellschaft, die erstmals mit den technischen Möglichkeiten ausgestattet ist, dieses Ziel auch tatsächlich zu erreichen.

Dabei kann die Sozialpartnerschaft in der Zukunft noch entscheidend mithelfen.

**Positive und negative
Kritik an der Sozialpartnerschaft**
Bundesminister Mag. Herbert Haupt
Bundesministerium für soziale Sicherheit,
Generationen und Konsumentenschutz

POSITIVE UND NEGATIVE KRITIK AN DER SOZIALPARTNERSCHAFT

von Mag. Herbert Haupt
Bundesminister für soziale Sicherheit, Generationen und Konsumentenschutz

Das österreichische Modell der Sozialpartnerschaft ist sicherlich die am intensivsten, stabilsten und umfangreichsten ausgebaute Form dieser sozialen Partnerschaft in Europa – und wohl auch auf globaler Ebene. Es scheint unbestritten, dass ein derartig umfassendes und historisch gewachsenes Modell viele Vorteile für beide Seiten – sowohl Arbeitnehmer-, als auch Arbeitgeberschaft – birgt. Jedoch darf bei allem Respekt für die großartigen Leistungen der Sozialpartner ein kritischer Blick nicht verwehrt werden, eine objektive Auseinandersetzung mit der Gesamtheit ihrer Stärken und Schwächen.

Selbstverständlich besteht keinerlei Anlass dafür, jene für unzählige Arbeitnehmer/innen und auch für die Arbeitgeberschaft so wichtigen inhaltlichen Verbesserungen, die durch das Wirken der Sozialpartnerschaft erzielt worden sind, gering zu schätzen. "Die Sozialpartnerschaft hat sich in Österreich als wichtiges Standortinstrument für Wirtschaft und Arbeit bewährt und dadurch zum sozialen Frieden in Österreich beigetragen"[26], unterstreichen auch die Regierungsparteien ÖVP und FPÖ im Jahre 2000 die besondere Bedeutung der Sozialpartnerschaft in Österreich.

Österreichs Sonderstellung im Bereich der Sozialpartnerschaft

Eine detailgetreue Nachzeichnung der historischen Entwicklung der Sozialpartnerschaft in Österreich steht nicht im Mittelpunkt dieses Artikels. Beschränken wir uns also auf das Faktum, dass die Sozialpartnerschaft in Österreich aus mehreren Gründen eine weltweite Sonderstellung einnimmt. Eine Sonderstellung, die es dieser Einrichtung ermöglicht hat, ihre Machtstrukturen derart komplex zu situieren, dass sie in der Vergangenheit in den meisten sozialpolitischen Fragen de facto eine wichtigere Rolle als das demokratisch gewählte Parlament gespielt hat. Gleichzeitig offenbarte sich dadurch für die beiden Großparteien die Möglichkeit, durch geschicktes "Aufteilen" diverser einflussreicher Positionen diesen Machtanspruch für sich selbst zu reklamieren – und so den gesamten Einfluss inklusive dazugehöriger Posten aufzuteilen.

---

[26] Präambel "Deklaration Verantwortung für Österreich - Zukunft im Herzen Europas", unterzeichnet von Dr. Wolfgang Schüssel und Dr. Jörg Haider, 3. Februar 2000

Haupt: Positive und negative Kritik an der Sozialpartnerschaft

Die Sozialpartnerschaft wurde zu einem gewaltigen Machtapparat mit all seinen Neben- und Begleiterscheinungen: Postenschacher und Privilegiensümpfe waren die Folgen der jahrzehntelangen Strategie des Aufteilens. Dazu kam, dass dieses Gleichgewicht zu einem Stillstand führte – Entscheidungen wurden vertagt und hinausgeschoben, Unangenehmes wurde überhaupt nicht mehr oder nur sehr unzureichend in Angriff genommen. Der zur Absoluten erhobene Kompromiss entpuppte sich längst nicht mehr als die beste Lösung für alle Beteiligten, sondern kam zumeist über den kleinsten gemeinsamen Nenner nicht mehr hinaus.

Eine besondere Rolle nahm die Sozialpartnerschaft, insbesondere der ÖGB, im Zuge der Pensionssicherungsreform 2003 ein. Als sich die Fronten zwischen Regierung und den Verantwortungsträgern von ÖGB, Arbeiterkammer und Wirtschaft verhärteten, habe ich selbst angeregt, einen so genannten "Runden Tisch" unter Federführung des damaligen Bundespräsidenten Dr. Thomas Klestil einzurichten, um Diskussion wieder zuzulassen, um eine Einigung möglich zu machen. Es folgten daraufhin mehrere "Runde Tische" mit Vertretern von Regierung und Sozialpartnerschaft, jedoch haben einzelne Vertreter der Sozialpartner kein Interesse an einer Einigung an den Tag gelegt, sondern vielmehr die Sozialpartnerschaft als "Speerspitze gegen die Regierung" positioniert – was bekanntlich in den Streikmaßnahmen vom 3. Juni 2003 endete. Ein derartiges Vorgehen ist nichts anderes als eine Inszenierung parteipolitisch motivierter Aktionen unter dem Deckmantel der Unparteilichkeit – also ein Missbrauch der überparteilichen Einrichtung der Sozialpartnerschaft.

Aus diesen Erfahrungen haben die Verantwortungsträger offenbar ihre Lehren gezogen, nach den für Österreichs Wirtschaft verheerenden Streikmaßnahmen hat ohne Zweifel eine positive Weiterentwicklung für die Sozialpartnerschaft eingesetzt. Wenige Monate später, als umfangreiche Streiks bei der Fluggesellschaft AUA drohten, konnte man erfolgreich vermitteln – weil man diesmal wieder auf das Gemeinsame gesetzt hatte. Man hat wiedererkannt, dass man sich zusammensetzen muss, um Konsens zu erzielen, doch man muss dies auch wirklich wollen. Diese Vermittlerrolle ist das einzigartige Potenzial der Sozialpartnerschaft, das man niemals wieder aus politisch motivierten Gründen aufs Spiel setzen sollte.

Neue Wege und Herausforderungen für eine neue Sozialpartnerschaft

Die ÖVP/FPÖ-Regierung bekannte sich ab dem ersten Tag ihrer Tätigkeit zur umfassenden Kooperation mit den Sozialpartnern, forderte aber gleichzeitig eine

Die Sozialpartnerschaft in Österreich

für diese Zusammenarbeit notwendige Reformbereitschaft der Sozialpartnerschaft ein – etwa bei der Reform der Sozialversicherungsträger, einschließlich der Wahl der Versichertenvertreter und der Stärkung des Servicecharakters der sozialpartnerschaftlichen Einrichtungen. Um die großen Herausforderungen, die für unser Land im Hinblick auf eine globaler werdende Wirtschaftssituation dringendst anstanden, nach vielen Jahren der Stagnation seitens der damaligen Verantwortungsträger endlich in Angriff nehmen zu können, erforderte es eine neue Form des Regierens und natürlich auch der Zusammenarbeit.

Ich habe mich jederzeit dafür ausgesprochen, die Sozialpartnerschaft in die Entscheidungsfindung einzubinden, wo dies nur möglich ist. Es darf dies jedoch nicht in Konkurrenz mit dem Parlament stattfinden, sondern in Ergänzung zum selbigen. Es darf auch nicht so sein, dass Entscheidungen blockiert werden, sondern es ist ein konstruktives, bewegliches Vorgehen in der Entscheidungsfindung erforderlich. Und es darf nicht so sein, dass die Sozialpartner die Regierung am Gängelband ihrer eigenen Behäbigkeit und Unflexibilität hält – im Gegenteil, auch die Sozialpartner müssen sich zu Reformen bekennen, auch zu Reformen in ihrer eigenen Gemeinschaft.

Erst dann, wenn sich die Sozialpartnerschaft selbst von ihren "hauseigenen" Zwängen befreit hat, kann eine neue Form der Partnerschaft besiegelt werden. Eine Partnerschaft, wo die Interessen der zu Vertretenden im Mittelpunkt stehen – und nicht jener, die sie vertreten sollen. Eine Partnerschaft, wo das Wohl des Landes im Mittelpunkt steht, der Gleichklang der Interessen von Arbeitnehmerinnen und Arbeitnehmern und den Betrieben, nicht die Aufhetzung einer Seite gegen die andere. Eine Partnerschaft, die aktiv und konstruktiv ist, die entpolitisiert und ohne Zwänge ist, und kein Modell von Zwangsmitgliedschaften und Vereinnahmung der Demokratie.

Wenn dieser Weg des Aufbruchs auch schwierig erscheint, ich bin nicht nur davon überzeugt, dass es der richtige ist, sondern ich glaube auch, dass wir bereits ein gutes Stück weitergekommen sind. Durch die unzähligen Diskussionen im Zuge der Pensionsreform 2003, durch die vielen Gespräche bei der nun anstehenden Harmonisierung der Pensionssysteme, durch die Konsensfindung bei der Schwerarbeiterregelung und bei vielen anderen Themen auch kommen wir einander immer näher. Aber die Sozialpartnerschaft kommt sich dabei auch selbst wieder näher, sie nähert sich auch wieder ihren ureigenen Idealen des Konsenses und der konstruktiven Lösungsfindung. Und das ist gut so.

Nachhaltigkeit und Sozialpartnerschaft
Bundesminister Dipl.-Ing. Josef Pröll
Bundesministerium für Land- und Forstwirtschaft,
Umwelt- und Wasserwirtschaft

NACHHALTIGKEIT UND SOZIALPARTNERSCHAFT
von Dipl.-Ing. Josef Pröll
Bundesminister für Land- und Forstwirtschaft, Umwelt und Wasserwirtschaft

Die Sozialpartnerschaft als Interessenvermittlung und Verbund von Staat, Gewerkschaften und Unternehmerverbänden zählt unbestritten zu den Grundsäulen des politischen Systems in Österreich. Sie gilt im internationalen Vergleich noch immer als stabile Form der Interessenpolitik und des Interessenausgleichs, die bei allen Veränderungstendenzen des ökonomischen, sozialen und politischen Umfeldes und merkbaren „Rissen" in den letzten zwei Jahrzehnten die damit verbundenen Herausforderungen durchaus erfolgreich bewältigt hat. Man könnte die derzeitige Situation als Kontinuität im Wandel beschreiben, die allerdings auch im Kontext der europäischen Integration und der Globalisierung einer genaueren Betrachtung bedarf.

Fest steht, dass sich insbesondere seit den 90er Jahren merkbare Veränderungen in den Rahmenbedingungen von Interessenpolitik abzeichnen. Die wirtschaftliche Situation ist nicht bloß durch deutlich geringeres Wachstum, sondern vor allem durch beträchtlich gestiegenen Wettbewerbsdruck und Internationalisierung, durch neue Technologien und die damit einhergehenden Auswirkungen auf Produktions- und Arbeitsprozesse gekennzeichnet. Fragen der Verteilung(sgerechtigkeit) ebenso wie des Handlungsspielraums gewinnen für Interessenpolitik an Gewicht. Dies wird noch verstärkt durch die Mitgliedschaft Österreichs in der Europäischen Union. Es ist deutlich geworden, dass die Veränderungen des ökonomischen Umfelds die genuinen „Sozialpartnerfelder" wie Lohn-, Wirtschafts- und Sozialpolitik eine Kompromissfindung und Interessenabstimmung schwieriger gemacht haben.

Wenn Sozialpartnerschaft in Zukunft eine erfolgreiche Wirtschafts-, Sozial- und Umweltpartnerschaft sein soll, gilt es die neuen Wirtschafts- und umweltpolitischen Herausforderungen rechtzeitig zu erkennen. Schwerpunktsetzungen für eine ökosoziale Wirtschaftspolitik sind dabei unerlässlich, neue Produktions- und Arbeitskonzepte ebenso. Die zunehmende Rationalisierung der Arbeitswelt, gravierende Veränderungen der Absatzmärkte, neue Konsumgewohnheiten und höhere Qualitätsstandards erhöhen gleichzeitig den Druck Richtung Innovationsfähigkeit und Flexibilität. Neue Denk- und

Lösungsansätze in einem sich rasant verändernden Umfeld – auch bedingt durch die demographische Entwicklung - sind gefragt. Das Prinzip der Nachhaltigkeit und die Umweltpolitik sind für mich zunehmend von erheblicher Gestaltungsrelevanz für die Sozialpartnerschaft. Umweltfragen widerspiegeln allerdings bisher kaum spezifische Arbeitgeber- und Arbeitnehmerinteressen. Wenn z.B. ein Beirat für Wirtschafts- und Sozialfragen umweltrelevante Aufgaben wahrnehmen will, dann ist das eine Querschnittsmaterie, die nicht mehr auf die klassische Bipolarität der Sozialpartnerschaft zurückgeführt werden kann. Die Herbeiführung eines sozialpartnerschaftlichen Konsenses nach diesem Muster könnte zum Scheitern verurteilt sein. Einige Beispiele aus der Vergangenheit (z.B. grundlegende Umweltgesetze von 1980 bis 1986 und Abfallwirtschaftsgesetz 1990) zeigen, dass der Konsens bei der sozialpartnerschaftlichen Akkordierung, wenn es um berufsspezifische Interessen oder um die Kostenfrage geht, oftmals auch durch Zielkonflikte gefährdet ist.

Das früher geforderte Konzept einer Umweltpartnerschaft als systematische inhaltliche Ausweitung der Wirtschafts- und Sozialpartnerschaft ist in den letzten Jahren kaum diskutiert worden. Für mich ist eine Wiederbelebung der Diskussion jedoch notwendig. Wenn wir Österreich in Zukunft nachhaltig gestalten wollen, so muss das neue an der Langfristigkeit orientierte Leitbild der Umwelt-, Wirtschafts-, Beschäftigungs- und Sozialpolitik durch eine auf breiter Basis stehende Interessenakkordierung gesteuert werden.

Das neue politische Gestaltungsziel der Nachhaltigen Entwicklung und die Umsetzung der Österreichischen Strategie zur Nachhaltigen Entwicklung, die von der Bundesregierung im April 2002 beschlossen wurde, ist nicht die alleinige Aufgabe der Regierung, sondern liegt im Interesse aller Arbeitgeber- und Arbeitnehmerverbände, um ein dauerhaftes Wirtschaftswachstum, mehr Arbeitsplätze und einen größeren sozialen Zusammenhalt zu erzielen.

Dies ist zugleich auch der wichtigste zukunftsbezogene Ansatzpunkt zur Ausgestaltung der Nachhaltigkeit im Rahmen des Entscheidungs-Netzwerkes der Sozialpartnerschaft in Österreich. Wenn es nicht gelingt, einer Nachhaltigen Entwicklung entgegenlaufende Tendenzen gegenzusteuern, so werden viele davon irreversibel. Und dies hat ökologische, ökonomische und soziale Folgewirkungen, die nicht nur die Lebensqualität und die Sicherheit künftiger Generationen bedrohen, sondern auch vermeidbare Kosten für die Gesellschaft bedeuten. Die Verantwortung für das Erbe künftiger Generationen verlangt daher eine Änderung der Rahmenbedingungen und eine Stärkung an

Die Sozialpartnerschaft in Österreich

Beteiligungsmöglichkeiten in Planungs- und Entscheidungsprozessen. Eine organisatorisch und inhaltlich reformierte Sozialpartnerschaft ist dabei ein wichtiges Instrument, dessen Bedeutung auch auf ein Comeback sozialpartnerschaftlicher Entscheidungsfindung hinauslaufen würde.

Es sei an dieser Stelle daran erinnert, dass die Österreichische Nachhaltigkeitsstrategie von einer Arbeitsgruppe aus rund 40 Vertretern der Ministerien, Länder und Gemeinden, Sozialpartner, Interessenvertretungen und NGO-Plattformen, von einem professionellen Team begleitet, erstellt wurde. Bestehende Netzwerke und eine Vielzahl von Veranstaltungen wurden dazu ebenfalls genützt.

Nachhaltige Entwicklung ist nur durch gemeinsames Engagement möglich. Die Österreichische Nachhaltigkeitsstrategie wendet sich daher an alle BürgerInnen, Institutionen und gesellschaftlichen Gruppen (z.B. Medien, Multiplikatoren, UnternehmerInnen) und will diese zur aktiven Teilnahme am Projekt „Nachhaltiges Österreich" bewegen. Partizipation und Selbstverantwortung sind wichtige Eckpfeiler für die erfolgreiche Umsetzung der Strategie. Möglichst dezentrale Strukturen und der freie Zugang zu Informationen für alle Bevölkerungsgruppen sind ebenfalls Erfolgsfaktoren. Bessere Information und aktive Einbindung soll das Interesse an einer Mitwirkung an politischen Gestaltungsprozessen steigert.

Die Einbindung der Nachhaltigkeit als durchgängiges Prinzip in die Prozesse und Verhandlungsmaterien der Sozialpartnerschaft ist aus meiner Sicht daher unerlässlich. Das Modell der Sozialpartnerschaft hat sich in Österreich bewährt. Nachhaltigkeit setzt allerdings auch eine neue Konfliktkultur voraus. Hierbei hätte die Sozialpartnerschaft die Aufgabe, nicht nur Interessenausgleich sondern auch Konfliktprävention zu betreiben. Die Interessengegensätze zwischen gesellschaftlichen Gruppen können dadurch zwar nicht überwunden werden, es können aber Win-Win-Situationen konsequent identifiziert und genützt werden, Systemlösungen konzipiert und umgesetzt sowie Rahmenbedingungen für das konstruktive Austragen gesellschaftlicher Konflikte geschaffen werden.

Die Österreichische Nachhaltigkeitsstrategie kann auf bestehenden Leistungen und Errungenschaften aufbauen: Österreich hat sich in den letzten Jahrzehnten als ein Motor in Umweltfragen verstanden und kann auf einige herausragende Erfolge verweisen. Bereits in den 80er Jahren entstand in Österreich das Modell der Ökosozialen Marktwirtschaft, das die Aspekte der Nachhaltigen Entwicklung in unserem politischen System auf Basis der Marktwirtschaft forcierte.

Der Übergang zur Nachhaltigen Entwicklung kann sich allerdings nicht auf punktuelle und graduelle Verbesserungen beschränken, sondern setzt eine alle Lebensbereiche umfassende Neuorientierung in Politik, Gesellschaft und Wirtschaft voraus. Die nachfolgenden zwölf Grundprinzipien für ein Nachhaltiges Österreich wie sie in der Österreichischen Strategie zur Nachhaltigen Entwicklung festgelegt wurden, sind Leitlinien, die in Zukunft von allen gesellschaftlichen Akteuren in ihren Entscheidungen berücksichtigt werden sollen. Sie sind als gleichwertig und vernetzt zu sehen und bilden in ihrer Gesamtheit die Fundamente des Leitbildes für ein Nachhaltiges Österreich:

- Das Vorsorgeprinzip umsetzen: Das bedeutet, die Verantwortung für das Erbe künftiger Generationen ernst zu nehmen und den Schutz der natürlichen Ressourcen, des wirtschaftlichen Erfolgs und der gesellschaftlichen Stabilität zu garantieren.
- Vielfalt erhalten: Vielfalt in Natur, Gesellschaft, Kultur und Wirtschaft schafft Stabilität, Krisensicherheit und die Entfaltungsmöglichkeiten, um eine kontinuierliche Weiterentwicklung zu gewährleisten.
- Integrative Lösungen anstreben: Ökologische, ökonomische und soziale Herausforderungen müssen bei jeder Entscheidung gemeinsam betrachtet werden. Dazu sind ganzheitliches Denken, Inter- und Transdisziplinarität erforderlich.
- Raum für Innovationen schaffen: Soziale, institutionelle und technische Innovationen bedingen einander. Daher sind die Selbstorganisationskräfte zu stärken, kreative Freiräume zu schaffen sowie Impulse für Selbstläuferprozesse zu setzen.
- Gerechtigkeit und Solidarität vorleben: Diese Grundwerte sind auf internationaler Ebene, zwischen Generationen, sozialen Gruppen, Altersgruppen und zwischen den Geschlechtern zu beachten. Ein Instrument des Interessenausgleichs kann dabei auch das Abgelten gesamtgesellschaftlich erwünschter Leistungen sein.
- Wissen und Wollen stärken: Die Zukunft muss in den Köpfen und Herzen der Menschen gewonnen werden. Dies setzt eine langfristige Perspektive, eine an den Lebenswelten der Menschen orientierte Überzeugungsarbeit und einen zukunftsorientierten Wertewandel voraus.
- Qualität und Gesundheit sichern: Die Qualität sozialer Beziehungen, sinnstiftende und motivierende Arbeitsplätze, qualitatives Wachstum und Zeitwohlstand umschreiben einen an Qualität, humanistischen Werten und Gesundheit orientierten neuen Lebensstil.
- Regionalität und Subsidiarität fördern: Um das vielfältige Wissen der Menschen vor Ort zu nützen, muss die Zukunftskompetenz der regionalen und

Die Sozialpartnerschaft in Österreich

kommunalen Ebene gestärkt werden, wobei die unterschiedlichen regionalen Voraussetzungen und Möglichkeiten zu beachten sind.
- Lokale Identität stärken: Globalisierung erfordert zur Bewahrung von Kultur, Tradition und Brauchtum ein verstärktes Bewusstsein für lokale Identität, um auch zukünftig in einer globalisierten Welt Vielfalt und Unverwechselbarkeit zu erhalten.
- Partizipation und Vernetzung unterstützen: Partizipation schafft eine bessere Entscheidungsqualität, indem Betroffene zu Beteiligte gemacht werden. Das bedeutet nicht nur zur Teilhabe an politischen Entscheidungs- und Gestaltungsprozessen einzuladen, sondern auch die strukturellen Voraussetzungen dafür zu schaffen.
- Klare Signale setzen: Die unterschiedlichen Politiken müssen einander gegenseitig stärken, klare und abgestimmte Zielsetzungen verfolgen und durch langfristige und konsistente Signale die Planungssicherheit erhöhen.
- Effizienz und Effektivität durch Kostengerechtigkeit erreichen: Durch korrekte Preissignale soll sich zukunftsverträgliches Verhalten auch individuell lohnen. Das entspricht dem Verursacherprinzip, führt zu einer Internalisierung der Sozial- und Umweltkosten und setzt deutliche Anreize.
- Weiterentwicklung und permanentes Lernen garantieren: Nachhaltige Entwicklung lässt sich nicht als statisches Ziel, sondern vielmehr als dynamischer, gesamtgesellschaftlicher Lern- und Gestaltungsprozess beschreiben. Die Zukunft ist offen: Ihre Gestaltung setzt Prozessorientierung, Reflexivität und einen konstruktiven Umgang mit Interessengegensätzen voraus.

Zu fordern ist nunmehr, dass die Grundsätze der Nachhaltigen Entwicklung zum Kernelement nicht nur der Bundesregierung sondern aller Sozialpartner werden. Dafür sind geeignete Instrumente und Prozesse zu entwickeln (z.B. Sustainability Impact Assessment von Politiken, Programmen und Plänen). Die Grundsätze der Nachhaltigen Entwicklung sollen bereits am Beginn von politischen Gestaltungs- und Entscheidungsprozessen einbezogen werden.

Die Koordination und Abstimmung zwischen den Akteuren müsste dazu allerdings weiter verbessert werden. Es geht dabei um eine stärkere Vernetzung der Ministerien, Länder und Sozialpartner. Nur die Zusammenarbeit und Kommunikation der funktional gegliederten Bereiche kann ein Miteinander ohne Vorbehalte sicherstellen. Dazu soll vornehmlich auf bereits bestehende Koordinations- und Dialogstrukturen aufgebaut werden, die verstärkte Einbeziehung von NGO's ist anzustreben.

Es ist für interessengeleitete Berufsvertretungen offenbar eine noch zu bewältigende Herausforderung, den Paradigmenwechsel zu einer modernen, umfassenden und nachhaltigen Vertretungsphilosophie zu schaffen. Der Vorteil für die Vertretenen, ihr Gewinn aus nachhaltigen Entscheidungen ist nur allzu oft schwer zu kommunizieren.

Auf der anderen Seite sind die Vertretenen nicht sektorale Persönlichkeiten. ArbeitnehmerInnen haben Familie mit Kindern, wollen Erholungswert und Lebensqualität konsumieren. Und sie haben Sehnsüchte und Träume nach intakter Natur, nach sauberer Luft ebenso wie nach besseren Arbeitsbedingungen.

Eines sollte man bei zukünftigen Anforderungen und Aufgaben der Sozialpartnerschaft jedenfalls beachten; schließlich gibt es für den Erfolg der Sozialpartnerschaft in Österreich ein gewichtiges Argument. Der Interessenausgleich muss nicht auf Basis puren Lobbyismus erfolgen. Die gesetzliche Verankerung der Organisationen macht ihre Stabilität nicht von Stimmungsschwankungen der Mitglieder und der Bereitschaft, Mitgliedsbeiträge zu zahlen, abhängig. Das gibt bei Entscheidungen ein hohes Maß an Unabhängigkeit. Die Messlatte für Erfolg kann daher durchaus langfristig sein.

Manchmal dürfte diese lange Messlatte aber den Blick auf das Wesentliche, auf langfristig ökonomisch und ökologisch sinnvolle Maßnahmen verdecken. Beispiel Ökostromgesetz: Wenn sowohl Arbeitgeber- als auch Arbeitnehmervertreter zurück vor die Zeit des Ökostromgesetzes wollen, dann fehlt eine nachhaltige Perspektive: Mehr Abhängigkeit der Konsumenten und der Industrie von fossilen Brennstoffen und Atomstrom bei gleichzeitiger Reduzierung von Alternativen, die langfristig Wirtschaftswachstum und Lebensqualität sichern.

Die Liste der Beispiele ließe sich fortsetzen, etwa durch diverse Positionen bei der Pensions- und Gesundheitsreform, die nicht an nachhaltigen Perspektiven orientiert sind. Aber es ist davon auszugehen, dass die globale Überlebensformel der nachhaltigen Entwicklung auch in der Realverfassung Österreichs ihren Platz bekommt – besser wäre allerdings heute als morgen oder gar erst übermorgen.

Die Sozialpartnerschaft des 21. Jahrhunderts wird letztlich jene Instrumente verinnerlichen, die dafür Voraussetzung sind, dass sie wichtiger und erfolgreicher Stabilitäts- und Fortschrittsfaktor bleiben kann. Es ist im Interesse

Die Sozialpartnerschaft in Österreich

der Sozialpartnerschaft und unserer Republik, dass wir auch in Zukunft ein Vorzeigemodell zur innovativen Konfliktvermeidung und -bewältigung haben.

Aber zugegeben: Mut ist zum Umdenken absolute Voraussetzung – und der ist von den Akteuren vehement einzufordern.

Helmut Kramer (Hrsg.)

Demokratie und Kritik – 40 Jahre Politikwissenschaft in Österreich

Frankfurt am Main, Berlin, Bern, Bruxelles, New York, Oxford, Wien, 2004.
374 S., zahlr. Tab.
ISBN 3-631-52509-5 · br. € 25.–*

Die Politikwissenschaft ist in Österreich eine im Vergleich mit anderen westlichen Ländern „verspätete" Wissenschaft. Sie ist erst in den 1960er Jahren entstanden, wurde im Kontext der Studentenbewegung 1968 als „subversive Wissenschaft" betrachtet und hat sich in der Zwischenzeit zu einer erfolgreichen „Normalwissenschaft" entwickelt, die sehr hohe Attraktivität bei den Studierenden in Österreich genießt. In diesem Band wird eine Bilanz der bisherigen Leistungen, aber auch der Defizite der Politikwissenschaft gezogen und mögliche Entwicklungsstrategien angesichts der gegenwärtig vor sich gehenden Neuorganisation der österreichischen Universitäten diskutiert.

Aus dem Inhalt: Mit Beiträgen von: Eva Kreisky · Hubert Sickinger · Reinhard Heinisch · Anton Pelinka · Kurt P. Tudyka · Hans-Georg Heinrich · Birgit Sauer · Maria Rösslhumer · Lisbeth N. Trallori · Otmar Höll · Gerda Falkner · Petra Purkarthofer · Andreas Pribersky · Thomas Nowotny · Hans Heinz Fabris · Regina Köpl · Karin Liebhart

Frankfurt am Main · Berlin · Bern · Bruxelles · New York · Oxford · Wien
Auslieferung: Verlag Peter Lang AG
Moosstr. 1, CH-2542 Pieterlen
Telefax 00 41 (0) 32 / 376 17 27

*inklusive der in Deutschland gültigen Mehrwertsteuer
Preisänderungen vorbehalten
Homepage http://www.peterlang.de